藍學堂

學習・奇趣・輕鬆讀

THE SOCIOLOGICAL IMAGINATION

C. Wright Mills
米爾斯——著　洪世民——譯

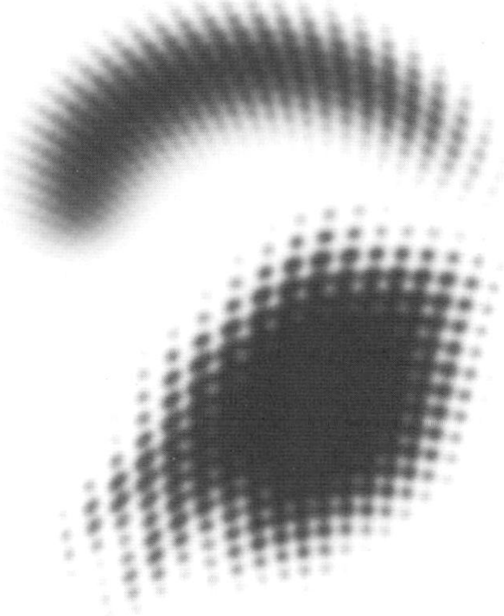

社會學的想像

從 個人的煩惱
連結到 社會的公共議題，
歡迎來到社會學的世界！

目錄

第一章——展望

現今，人常覺得自己的私生活處處是圈套。他們感覺在日常世界中克服不了煩惱，而就這種感覺來說，他們往往相當正確：一般人能直接意識到，和他們想去做的事，都以他們生活的私人軌道為界；他們的視野和能力，都受限於工作、家庭、鄰里的特寫鏡頭；置身其他情境時，他們活得缺乏自身意志，仍是旁觀者。而他們愈能察覺到超越切身環境的企圖心和威脅，不管有多模糊，似乎就愈覺得自己深陷困境。

這種受困感覺來自於各個廣大社會的結構中，看似與個人無關的變遷。當代歷史的事實，同時也是個人成敗的事實。隨著社會工業化，農人成了工人；封建領主遭到清算，或成為商人。隨著階級興衰，有人有工作，有人失業；隨著投資率升降，有人發財，有人破產。隨著戰爭爆發，保險業務員成了火箭手；店員成了雷達員；妻子獨居，孩子在父親缺席下長大。個人的生活與社會的歷史密不可分，只能一起理解，無法單獨理解。

但人往往不會依據歷史的變遷和制度的矛盾來界定自己忍受的煩惱。個人的幸福安康，通常不會歸因於居住社會的大起大落。很少人注意到本身生活模式與世界歷史進程間錯綜複雜的關係，一般人通常不會明白這個關係對於他們會成為什麼樣的人，以及他們可能參與、創造歷史的過程有何意義。他們不具備那種心智特質來理解人與社會、傳記（個人生命史）與歷史、自我與世界的交互作用。他們無法運用諸如控制結構性轉變之類的方式來解決自身的煩惱，就算那往往是造成個人煩惱的背後因素。

這當然不足為奇。有哪個時期有這麼多人、以這麼快的速度完全暴露於如此驚天動地的變遷？美國人跟其他社會的男男女女一樣不知道這種巨變，是因為某些歷史事實正快速變成「只是歷史」。如今影響每一個人的歷史，是世界史。在這個場景、這個時期，一個世代的進程中，有六分之一的人口正從封建、落後的狀態轉變成現代、先進、可怕的狀態。政治殖民地解放了；新的、沒那麼容易透析的帝國主義形式就位了。革命發生了；人們感覺被新形態的威權嚴密掌控了。極權社會崛起，而後瓦解——或令人難以置信地成功。資本主義享了兩百年的優勢，事實證明，不過是讓社會變成工業機器的一條途徑而已。盼望了兩百年的民主，也僅限極小部分的人類擁有，還只是形式上的民主。在低度開發的世界，古老的生活方式遭到瓦解，模糊的期望成了迫切的需求。在過度開發的世界，權威與暴力的手段全面化，形式益趨官僚。人性在我們面前暴露，兩個對立的超級強國正在集結本身最協調、最巨大的力量，為第三次世界大戰做準備。

現在歷史的進展速度比人類調整自己因應被珍視價值的能力來得快。選哪些價值呢？就算未陷入恐慌，人們也常意識到舊式感覺和思考方式已經崩壞，而新的開始卻撲朔迷離到道德停滯的地步。因此，一旦突然面對更廣大的社會，難怪一般人會覺得自己無法適應，難怪一般人無法理解他們的時代對自身生命的意義；難怪為捍衛自我，他們變得道德無感、努力保持私密的自己。最終，難怪受困的感覺將縈繞他們的心頭。

他們需要的不是資訊——在這個事實的年代，資訊常主宰他們的注意力，且超過他們消化吸收的能力。他們需要的不只是推理的技能——儘管努力學習推理技能常耗盡他們有限的道德精力。

人們需要的，以及他們感覺需要的，是一種能幫助他們運用資訊和培養理性的心智特質，使他們清晰扼要的總結世上正在發生的事，以及他們自身可能發生的事。我要提倡的就是這樣的心智特質，新聞記者與學者、藝術家與大眾、科學家與編輯指望擁有的，這種特質可稱為「社會學的想像」。

一

擁有社會學的想像的人，得以理解較廣大的歷史場景對各種個體的內在生活和外在生涯有何意義。擁有者能夠思考，個人在日常經驗的混亂中，常怎麼錯認自己的社會地位。在那樣的混亂中，現代社會的架構建立了，在那樣的架構裡，男男女女的心理形成了。透過這種機制，個體可將本身的不安集中在明確的煩惱，公眾的冷漠將轉化為對公共議題的參與。

這種想像的第一顆果實——也是體現這種想像的社會科學第一課——是這種想法：個人唯有找出自身在時代裡的定位，才能理解自己的經驗和評估自己的命運；唯有了解周遭所有個體在生命中的際遇，才能明白自己的際遇。這個想法有時候是可怕的課題，也有時候是極好的課題。我們不清楚，在全力以赴和自甘墮落、承受痛苦和享受歡娛、以殘暴為樂和浸淫理智芬芳，人類能力的極限何在。但在我們的時代，我們已開始了解「人性」的限度寬廣得怕人。我們開始明白世世代代的每一個個體，都生活在某種社會中；人活出一部傳記（個人生命史），而且是在某種歷史序列內活出來。只要活過，個人便對這個社會的塑造和社會歷史的進程有所貢獻（不論有多微小），就算他是被社會及其歷史的強大推力所塑造出來的。

社會學的想像讓我們得以領會歷史和個人生命史，以及兩者在社會中的關係。那是社會學的想像的任務與展望。認知此點，是古典社會分析家的正字標記。赫伯特・史賓賽（Herbert Spencer）[1]的浮誇、多方涉獵、無所不包，羅斯（E. A. Ross）[2]的優雅、揭弊、耿正不阿，孔德（Auguste Comte）[3]和涂爾幹（Émile Durkheim）[4]，複雜細膩的曼海姆（Karl Mannheim）[5]，都有這個特色。馬克思（Karl Marx）[6]就是在這方面智識超群；范伯倫（Thorstein Veblen）[7]就是在此產生卓越而具反諷意味的洞察力，熊彼得（Joseph Schumpeter）[8]建立多面向的現實結構於此；它是萊基（W. E. H. Lecky）[9]綜觀心理學的基礎，也是韋伯（Max Weber）[10]深刻、明晰的根本。它也閃現了當代人類與社會研究最出色的部分。

凡是社會研究，就一定得回到個人生命史、歷史和兩者在社會交集的問題，否則無法完成知識的旅程。不論古典社會分析家關注哪些特定問題，也不論他們檢視的社會現實特徵範圍有多寬廣或狹窄，只要曾發揮想像力來了解本身工作的展望，他們勢必會問三種類型的問題：

(一) 這個社會的整體結構為何？基本組成要素為何，彼此有何關係？它與其他種類的社會秩序有何不同？在這個社會之內，任何特徵的延續或轉變有何意義？

(二) 這個社會在人類的歷史中位於何處？它變遷的動力何在？它位在人類整體發展過程的哪個位置，對人類的整體發展有何意義？我們檢視的某項特徵是如何影響它經歷的歷史時期，又是如何受這段時期影響？而這段時期——它有哪些基本特色？與其他時期有何不同？又是以哪些獨特的方式創造歷史？

（三）目前這個社會以哪些類型的男性和女性為主流？未來又會以哪些類型占優勢？他們是以何種方式被選擇、形塑、解放、壓抑，又是怎麼變敏感或遲鈍的？在這段時期的這個社會，我們觀察到的行為與性格透露了什麼樣的「人性」？就我們檢視的這個社會而言，它的每項特色對「人性」有何意義？

1【譯者注】史賓賽（一八二〇—一九〇三）是英國哲學家，被喻為社會達爾文主義之父。他將「適者生存」的理論應用於社會學，尤其是教育及階級鬥爭。

2【譯者注】羅斯（一八六六—一九五一）為美國社會學家，認為社會團體能用多種工具控制個人行為，包括輿論、法律、信仰、社會暗示等。

3【譯者注】孔德（一七九八—一八五七）為法國哲學家，被喻為社會學、實徵主義及現代科學哲學之父。

4【譯者注】涂爾幹（一八五八—一九一七）是法國猶太裔社會學家，與馬克思和韋伯並稱社會學的三大奠基者。

5【譯者注】曼海姆（一八九三—一九四七）為猶太裔社會學家，生於匈牙利，後因納粹迫害旅居倫敦，是知識社會學奠基的重要學者。

6【譯者注】馬克思（一八一八—一八八三）為猶太裔德國哲學家、經濟學家、社會學家、政治學家，主張人類社會是在統治階級與勞動階級的鬥爭中發展而成，並認為工人階級終將發動革命，建立無階級的共產主義社會。

7【譯者注】范伯倫（一八五七—一九二九）為挪威裔美國經濟學家，被譽為制度經濟學的創始人。

8【譯者注】熊彼得（一八八三—一九五〇）為奧地利政治經濟學家，重要主張包括「經濟循環」、「創新」和「資本主義的創造性破壞」。

9【譯者注】萊基（一八三八—一九〇三）是愛爾蘭歷史學家、散文家和政治理論家。

10【譯者注】韋伯（一八六四—一九二〇）是德國的哲學家、法學家、政治經濟學家、社會學家；除了在社會學諸多領域有卓越貢獻，對當時德國政治體制、政策及俄國革命的分析論述亦為經典。

不論他們感興趣的是一個強權國家，一種二流文風、一戶家庭、一座監獄或一種信仰——這些都是最優秀的社會分析家問過的問題類型。這些問題是「社會裡的人」這項經典研究的知識中樞，也是任何擁有社會學想像的心智，無可避免會提出的問題。因為那種想像正是轉換觀點的能力——從政治觀點轉變成心理學觀點；從探討單一家庭轉變成評估比較世界各國的國家預算；從神學院轉變成軍事機關；從石油產業的考量轉變成當代詩作的研究。這種能力能把與個人無關而遙遠的變遷和人類自我最私密的特色擺在一起——看出兩者之間的關係。在應用這種能力的背後，向來是這股衝動：想明白個人在社會，以及他存在且具有特性的階段，究竟有何社會與歷史意義。

簡言之，這就是為什麼人們現在希望借助社會學的想像來掌握世上發生的事，以及理解他們自己——身為社會裡傳記與歷史的交錯瞬間——所發生的事。主要基於深刻理解社會的相對性與歷史的轉變力量，當代人即使不是自覺是個永遠的陌生人，也把自己當局外人。社會學的想像就是這種自覺最豐碩的果實。運用社會學的想像，原本只能在有限軌道上思考的人，常覺得彷彿突然在一間他們原以為熟悉的屋子裡驚醒。不論正確與否，他們常覺得現在可以為自己提供適當的總結、連貫的評估和全面性的定位了。過去看似穩健的決定現在看來是思慮不周的結果。他們又能強烈感受驚奇了。他們獲得新的思考方式，經歷了價值觀的重新評估：總而言之，透過省思與善感，他們領略了社會科學的文化意義。

二

社會學的想像所能做出最富成效的區分或許是「情境中的個人煩惱」與「社會結構中的公共議

題」。這樣的區分是社會學想像的必要工具，也是所有古典社會科學作品的一大特色。

煩惱產生於個人的性格中，以及個人與他人直接關係的範圍裡；煩惱和他的自我有關，也和他個人直接意識到的有限社會生活領域有關。依此，煩惱的表達與解決方式，理所當然存在於做為個人生命史主體的個人之中，以及他直接的周遭情境裡——他的個人經驗所及，某種程度也是他有意志的行為（willful action）所及的社會情境。煩惱是私事：個人感覺自己珍視的價值觀受到威脅。

議題涉及的事務則超出個人的在地環境和內在「我」的範疇。議題所涉及的是一整個歷史社會的各種制度，由許多個人情境組織而成，議題也涉及各種情境重疊穿插、以形成更大的社會與歷史生活的結構的方式。議題是公共事務：大眾感覺到自己珍視的價值觀受到威脅。那個價值究竟是什麼，又是什麼真正威脅到它，通常會引起辯論。這場辯論往往沒有焦點，主要是因為議題的本質不同於煩惱，即使是最普遍的煩惱，就是無法在一般人的日常周遭情境做出非常明確的定義。事實上，議題常涉及制度安排上的危機，也常涉及馬克思主義者所謂的「矛盾」或「對立」。

且以失業為例。如果一個人口十萬的城市只有一個人失業，這就是他個人的煩惱，要減輕煩惱，我們當然要注意這個人的性格、技能，以及現有的機會。但如果一個人口五千萬的國家有一千五百萬人失業，那就是議題了，而要找到解方，我們可能無法寄望任何個人擁有的工作機會。工作機會的結構已經崩潰了。要正確地陳述問題與找出可能的解決之道，我們必須考量這個社會的經濟政治制度，不能只著眼於少數個人的境遇和性格。

再想想戰爭。戰爭爆發時的個人問題可能是怎麼保全性命或光榮犧牲；怎麼發戰爭財；怎麼攀升到更安全的位階；或是怎麼促成戰爭終止。簡言之，依據個人的價值觀，找出一組情境來在其中保命或讓自己死得有意義。但戰爭的結構性議題涉及的是它的成因，它將哪一類的人捲入指揮系統，它對經濟、政治、家庭和宗教制度的影響，以及這個民族國家的世界秩序紛亂又不負責任。

也看看婚姻的例子。在一段婚姻中，一對男女可能會經歷個人的煩惱，但當結婚頭四年的離婚率每一千對高達兩百五十對，這就暗示婚姻制度、家庭制度和其他相關制度出了結構性的議題。

或者想想大都會——可怕、美麗、醜陋、壯觀、雜亂延伸的大都市。對許多上層階級人士來說，「都市問題」的個人解決方案，是在市中心擁有一棟帶地下私人車庫的公寓、在四十哩外的一百英畝私人土地擁有一幢由希爾（Henry Hill）建造的別墅和埃克博（Garrett Eckbo）設計的花園。在這兩個操之在己的環境——兩邊各有一些工作人員，靠私人直升機來回——多數人可以解決許多都市引發的個人情境問題。但上述種種，不論有多光鮮亮麗，都無從解決都市結構引發的公共議題。該怎麼處理這頭華麗的怪物呢？把都市打碎，讓住家與辦公室結合？原地徹底翻修？或是，在疏散居民後炸毀，再依照新計畫於新址打造新都市？該怎麼計畫呢？由誰決定和執行所做的選擇？這些都是結構性的議題；要解決，我們必須考量影響無數環境的政治和經濟議題。

一旦經濟惡化而引發不景氣，失業問題就不能再循個人途徑解決了。一旦戰爭是民族國家的制度和世界工業化不均衡所與生俱有，處在受限環境的一般人對這個制度或欠缺制度加諸身上的煩惱感到無能為力，找不找心理醫生都無濟於事。一旦家庭制度把女人變成親愛的小奴隸、未斷奶的受扶養人，把男人變成她們的主要供養人，美滿婚姻的問題便無法單純靠個人解決。一旦過度發展的大都會和過度發展的汽車成了過度發展社會的內在特色，都市生活的議題也就無法靠個人巧思和私有財產來解決了。

前文提到，我們在各種特定情境經歷的事物，常是結構性變化所導致。因此，要理解許多個人情境的變化，我們需要放眼情境之外。而隨著我們生活的制度愈來愈包羅萬象，且制度的相互連結愈來愈錯綜複雜，結構性變化的數量和種類也持續增加。要認識社會結構的概念，並且敏銳地使用它，就要能夠探查各種情境的連結。有這種能耐做到這些，就擁有了社會學的想像。

三

在我們這個時代，大眾最重要的議題是什麼，個人最主要的煩惱又是什麼？要闡述議題和煩惱，我們必須釐清時代的趨勢，問：有哪些價值觀是被珍視但受到威脅的，又有哪些價值觀是被珍視而獲得支持的。無論受威脅和獲支持的例子，我們都必須問，其中可能包含哪些顯著的結構矛盾。

當人們珍視的某組價值觀未受到威脅時，會感到**幸福**。當他們**確實**覺得珍視的價值觀受到威脅，便會產生危機感——可能是個人的煩惱，也可能是公共議題。要是危機涉及所有珍視的價值觀，他們就會陷入全面的恐慌。

但要是人們既未察覺自己珍視什麼價值觀，也未覺得受威脅呢？這時就會感覺**漠然**（indifference）；倘若對所有價值觀都感覺漠然，就會變得麻木。那麼，假設他們渾然不知自己珍視什麼價值觀，卻又深感威脅呢？那就會有**不安**、焦慮的感受，累積到某個程度，就會變成致命的無名疾病。

我們的時代是不安、漠然的時代——尚未以可讓理性與感性派上用場的方式闡明。相較於依照價值觀與威脅所定義的煩惱，人們更常深覺朦朧不安的痛苦；相較於明確的議題，往往只有沮喪、無力、什麼都不大對勁的感覺。不確定是哪些價值觀受威脅，也不確定是什麼威脅到它們；簡言之，問題還沒到非做決策不可的地步，也很少被當成社會科學的問題來闡述。

一九三〇年代，除了某些被哄騙的商界人士，經濟議題幾乎毋庸置疑也是個人的煩惱。在關於「資本主義危機」的議論方面，馬克思的論述，以及許多對他作品未公開承認的闡釋，或許已為這個議題的主要詞彙定調，而有些人已開始從這些詞彙理解他們的個人煩惱。受威脅的價值觀顯而易見，且被所有人珍視；造成威脅的結構性矛盾，也昭然若揭。人們都廣泛而深刻地體驗了兩者。這是政治的年代。

但在二次世界大戰後的年代，受威脅的價值觀常常既不被眾人承認有價值，也不被眾人感覺有威脅。很多個人的不安都沒有明確表達；許多公共的弊端和具有重大結構關聯性的決策，始終沒有成為公共議題。對於接受理性、自由等傳統價值的人來說，不安本身就是煩惱；漠然本身就是議題。而這種充斥不安與漠然的情況，正是我們這個時代的正字標記。

驚人的是，觀察家竟做出這樣的解釋：問題類型已發生轉變，現在就必須闡明問題所在。常有人告訴我們，我們這世代的問題，或曰我們這個時代的危機，已經從外在經濟的範疇，轉移到與個人生活的品質有關的問題——事實上問題是，不久後，是否還有任何事物可理所當然地稱為個人生活。關切的重點不再是童工，而是漫畫書；不再是貧窮，而是大眾休閒。許多大型公共議題，和許多個人煩惱，都以「精神疾病」來形容——看來像在軟弱無力地逃避現代社會的重大議題和問題。往往，這樣的敘述關注愈來愈狹隘的面向，只看西方社會，甚至美國，因此忽略了其他三分之二的人類；另外，這也常武斷地把個人生活抽離其所屬的較大制度，即使制度對個人生活的影響，比童年切身環境還要深重。比如要談休閒的問題，就不能不考慮工作的問題。不夫考量當代家庭面臨社會結構的新制度的困境，家庭對漫畫書的困擾就根本不會當成問題。以當代美國而言，不先認清抑鬱與漠然如何構成其社會風氣與個人習性，休閒，或休閒如何使身心衰弱，也無法當成問題來理解。在這種氛圍下，不先認清企圖心的危機會如何影響工作者在企業化經濟中的發展，「私生活」的問題也無法闡明和解決了。

誠然，如精神分析家一再指出，人們確實「愈來愈容易感覺被內心某種他們無以名之的力量所左右」。但像瓊斯（Ernest Jones）[11]所聲稱，「人類最主要的敵人和危險是他難以駕馭的本性和鬱積內心的陰暗力量」，就不是事實了。恰恰相反：當今「人類最主要的敵人」在於當代社會本身難以駕馭的力量，它使人異化的生產方式、滴水不漏的政治掌控技巧、國際無政府狀態——一言以蔽之，它無處不在地改造人類的「本性」，以及人類生活的條件和目標。

現今社會科學家首要的政治及學術任務——兩者在此不謀而合——是釐清當代不安與漠然的成因。這是其他文化工作者——物理學家、藝術家、全體學術社群——對社會科學家的核心要求。我相信，正是因為肩負這項任務與這些要求，社會科學正成為我們這個文化時期的公分母，而社會學的想像正是我們最需要的心智特質。

11【譯者注】瓊斯（一八七九—一九五八）是英國神經學家及心理學家。

四

在每一個知識時代，都有某種省思方式可望成為文化生活的公分母。現今，確實有許多知識風尚蔚為流行一兩年便消退，被新風尚取代。這樣的熱情或許能為文化活動增添風味，卻不會留下什麼知識的痕跡。「牛頓物理學」或「達爾文生物學」之類的思維方式並不會如此。這兩個知識範圍都已有無遠弗屆的作用力，遠遠超出任何觀念與想像所及。根據它們，或從它們衍生出來的詞彙，沒沒無聞的學者和流行評論者得以重新聚焦觀察重點、重新闡述關切之事。

在現代西方社會，物理學和生物學儼然成為嚴肅省思和通俗形而上學的最大公分母。「實驗室方法」已成為廣為接受的程序模式，也是學術保障的來源。那是知識公分母概念的一個意義：人類可以根據它的詞彙來陳述自己最堅決的信念；其他詞彙和省思方式，似乎只是逃避和晦澀的工具而已。

有個流行的公分母，當然不代表沒有其他思考方式或感覺模式存在。但那確實意味著會有更多一般知識上的關注投入這個領域、在這裡形成最鮮明的問題，而若能如此形成，就被認為問題能以某種方式得到就算不是解方、至少也有助益的可行方案。

我相信，社會學的想像正成為我們文化生活的最大公分母和它的正字標記。這種心智特質可在社會學和心理學中找到，但遠遠超出這些我們現在所知的研究。個人與文化社群領會它的速度向來緩慢，而且常盲目摸索；連許多社會科學家本身也渾然不覺。他們似乎不知道要做出最佳成果，關鍵就是運用社會學想像，不知道如果未能培養及運用，就達不到人們對他們的文化期望，以及本身學科的傳統即有的文化期望。

但在現實與道德的關切、文學作品和政治分析中，卻經常需要這種想像的特質。經由各式各樣的表述，這種特質已成為知識活動與文化感性的核心特徵。頂尖評論家和嚴謹的新聞工作者都是這種特質的範例——事實上，兩者的成就常是依此評斷。流行的評論類別——例如高級、普通、低格調——現在社會學占的比重起碼跟美學一樣多。小說家——其嚴肅作品具體呈現最普遍的人類現實定義——通常擁有這種想像力，並努力發揮。運用想像力，尋找現在的定位，有如尋找歷史的定位。隨著「人性」的形象益發不確定，人們覺得愈需要更密切且更富想像力地關注社會常軌與大災難，因為在這個充斥平民動亂與意識形態衝突的時代，社會常軌與大災難透露（也塑造）了人性。儘管運用社會學想像的結果常帶動時尚，但社會學的想像不只是時尚而已。它是一種心智特質，看似可望戲劇性十足地讓我們了解本身與大社會現實的密切關係。那不只是當代文化感性範圍內的一種心智特質——**這種**心智，若能更廣泛、更嫻熟地加以運用，就可望能讓所有文化感性——事實上還有人類理性本身——在人類事務上發揮更大作用。

物理學——以往的最大公分母——的文化意義變得令人懷疑。物理學做為一種知識風格，逐漸被許多人視為不恰當。當然，思想與感覺、想像與感性的科學類型是否適切，從一開始就備受宗教的懷疑與神學的爭議，但我們科學界的前輩反擊了宗教的懷疑。現今的懷疑是世俗的、人文主義的——且常常很混亂。近來的物理學發展雖然在氫彈，以及將它運往地球各處的工具上達到技術高峰，但就任何為較大學術社群與文化界熟知且深刻思考的問題而言，它沒有提出任何解答。物理學發展向來被正確地視為高度專業化探究的結果，但也被不恰當地感覺神祕莫測。它們引發的問題——包括知識和道德層面——比解決的還多，而它們引發的問題幾乎全屬於社會而非物理事件的範疇。過度發展社會的民眾覺得，征服自然、克服匱乏的目標，已差不多完成。而現今在這些社會中，人們覺得科學——這場征服的主要工具——變得不受拘束、漫無目標而需要重新評估了。

長久以來，近代對科學的敬重是理所當然，但現在和科學有關的技術上的精神氣質（technological ethos）、工程想像力，與其說充滿希望和進步，不如說令人恐懼而曖昧。當然這並非「科學」的全貌，但有人擔心科學可能變成如此。這種需要重新評估物理學的感覺，反映出我們需要新的公分母。科學對人類的意義、扮演的社會角色、科學的軍事和商業議題、科學的政治意涵，正經歷眾聲喧嘩的重新評估。軍備的科學發展可能導致世界政治重整的「必要」，但人們不覺得這樣的「必要」可靠物理學解決。

許多向來被認為是「科學」的事物，現在感覺像曖昧的哲學了；很多據信是「真科學」（real science）的東西，往往好像只提供人類生活現實中的片面。現在普遍感覺，科學界的人士不再試著整體性地描繪現實，或呈現人類命運真正的輪廓了。在很多人心目中，「科學」不像是有創造力的精神氣質和取向，反倒像是一組科學機器——雖由技師操作，但實際掌控在經濟、軍事人士之手，他們不把科學當成精神氣質和取向來理解，遑論落實。在此同時，以科學之名發言的哲學家常把科學改造成「科學主義」，聲稱科學經驗等同於人類經驗，主張唯有用科學主義的方法才能解決人生的問題。對此，許多文化工作者開始覺得「科學」是虛假而自命不凡的假救世主，或至少是現代文明一個曖昧不明的成分。

但照史諾（C. P. Snow）[12]的說法，我們有「兩種文化」：科學的和人文的。無論是做為歷史、戲劇、傳記、詩歌或小說，人文文化的精髓一直是文學。但現今常有人提到，嚴肅文學在許多方面已成為二流的藝術。若是如此，那不只是因為大眾政治和大眾媒體的發展，以及這些對嚴肅文學創作的影響。也要歸因於當代歷史的特性，以及具有感性的人覺得需要透過什麼來掌握這種特性。

有哪類小說、哪種新聞寫作、哪些藝術作品，可以和歷史事實及今天的政治現實匹敵呢？有哪一種地獄的戲劇場景，比得上二十世紀的戰爭事件呢？又有什麼樣的道德譴責，能夠衡量苦悶日積月累的人們的道德無感呢？人們想要明白的是社會和歷史的事實，而在當代文學找不到適當的了解途徑。他們渴望了解事實，他們尋找事實的意義，他們想要可信的「全局」（big picture），並據以了解自己。他們也想要能確立方向的價值觀，以及適當的感覺方式、情感的表現模式和描述動機的詞彙。而他們無法立即在今天的文學作品裡找到這些。這些特性是否**可以**在文學裡找到並不重要；重要的是人常常不去那裡找。

以往，批評家和史學家等文人會針對英國和美國之旅做筆記。他們會試著描述社會整體的特色，辨別其道德意義。假如托克維爾（Alexis de Tocqueville）[13]或泰納（Hippolyte Taine）[14]活在今天，他們不正

12【譯者注】史諾（一九〇五—一九八〇）是英國科學家及小說家，以關於「兩種文化」的演講與書籍最負盛名。他在著作《兩種文化與科學變革》（*The Two Cultures and the Scientific Revolution*）中指出，科學與人文中斷聯繫，是解決世界問題的一大障礙。

13【譯者注】托克維爾（一八〇五—一八五九）為法國思想家及政治家，曾任外交部長及眾議院議員，致力探討西方社會中民主、平等與自由之間的關係，著有《民主在美國》（*Democracy in America*）等名作。

14【譯者注】泰納（一八二八—一八九三）是法國評論家及史學家，實徵史觀的代表人物，認為精神科學、藝術研究與自然科學在方法上相類似。

是社會學家嗎？《泰晤士報》一位評論者在提出這個問題時表示：

泰納一直主要把人視為社會的動物，把社會視為群體的集合：他可以仔細觀察、是孜孜不倦的田野工作者，擁有一種特質……對理解各種社會現象之間的關係彌足珍貴的特質——有彈性（springliness）的特質。他偏重當下而無法成為優秀的史學家，太注重理論而無法一試小說家的身手，又過於把文學視為一個時代或國家的文獻，而無法躋身一流的評論家……他批判英國文學的作品重點不在英國文學，反倒是在評論英國社會的道德觀，和闡述自己的實證主義。他是不折不扣的社會理論家。[15]

但他仍是「文人」而非「社會科學家」的事實或許印證，十九世紀大半，社會科學是由對「法則」的狂熱追求所主宰——足堪與人們以為由自然科學家發現的法則媲美。既然欠缺適當的社會科學，批評家、小說家、戲劇家和詩人成了個人煩惱乃至公共議題的主流闡述者——通常也是唯一的闡述者。藝術確實表達了這樣的感覺，也常聚焦於此——尤其善於以戲劇化的尖銳呈現——但在知識上仍不夠明晰，而今天要理解或紓解這些個人與公共的問題，必須具備明確的知識。現今，人們若要克服不安和漠然，以及不安和漠然導致的難解痛苦，就必須正視那些煩惱和議題等問題，而藝術沒有、也無法把感覺當成問題來闡述。事實上，藝術家往往不會這樣嘗試。何況嚴肅的藝術家自己也常深受麻煩所困，而需要社會科學透過輕快活潑的社會學想像，給予藝術家一些知識和文化上的幫助，

五

我在這本書的目標，就是確立社會科學在我們這個時代的文化任務。我想具體說明，在社會學想像發展的背後，付出過什麼樣的努力；指出社會學想像對政治和文化生活的意涵；或許也建議一些擁有社會學想像的要件。透過這些方式，我想要闡明今天社會科學的性質和用途，也以有限篇幅針對美國當前的情況提供一些解釋。[16]

當然，在任何時刻，「社會科學」都是由公認的社會科學家在做的事情組成——但絕非所有社會科

15【作者注】《泰晤士報文學增刊》，一九五七年十一月十五日。

16【作者注】我覺得有必要指出，我喜歡「社會研究」這個詞勝過「社會科學」——不是因為我不喜歡物理學（相反地，我非常喜歡），而是因為「科學」一詞已建立很高的聲望，意義反倒不精確了。我覺得沒有必要盜取那種聲望，也沒有必要把科學當成哲學的隱喻使用，而使意義變得不明確。但我懷疑如果我寫的是「社會研究」，讀者只會想到（美國）高中公民教育，而那正是人類所有學習領域中，我最不希望讀者聯想到的。「行為科學」也不成；我覺得那會被視為一種宣傳手段，目的在為分不清楚「社會科學」和「社會主義」的基金會和國會議員籌募社會研究的經費。最好的名稱要涵蓋歷史（以及心理學，因為它與人類息息相關），而該盡可能不要引發爭議，為名稱**爭論**可以，**吵架**就不好了。或許「人文學科」可行。但算了。為了不要造成太大的誤解，我屈從於傳統，採用較一般標準的「社會科學」。

另外，我希望我的同僚會接受「社會學的想像」一詞。讀過我手稿的政治學家建議「政治學的想像」；人類學家建議「人類學的想像」——諸如此類。名稱沒有觀念重要，但願這點會在這本書裡得到印證。使用這個名稱，我當然不僅想要推薦「社會學」的學科。對我來說，這個詞的意義，並非社會學家所表達的。例如在英國，社會學這種學科仍頗為邊緣，但在英國的新聞寫作、小說，以及最重要的歷史上，社會學的想像已經發展得十分健全了。法國的例子類似，第二次世界大戰後，法國人開始進行騷動、大膽的省思，而這正是仰賴他們的感受——對於當今人類命運的社會學特色，只不過這些趨勢是由文人而非專業社會學家主導。不過，我用「社會學的想像」是因為（一）每一行各有所好，而我碰巧是社會學家；（二）我由衷相信，從古到今，古典社會學家比其他社學科學家更頻繁也更生動地表現出這種心智特質；（三）既然我將嚴格檢視許多稀奇古怪的社會學學派，我需要一個對立的名稱來當立足點。

學家都在做同一件事，事實上連同一類的事都稱不上。社會科學也是過去的社會科學家做過的事——但不同的研究者會選擇在各自領域建構和呼應不同的傳統。當我說「社會科學的展望」時，希望我說得夠清楚：我指的是我自己的看法。

目前，對於自己選擇的研究會以哪個方向前進，社會科學家普遍深感不安——知識上與道德上皆然。在我看來，這種不安，以及造成不安的不幸傾向，正是來自當代知識生活普遍的抑鬱。但這種不安，或許社會科學家感覺起來最劇烈，因為他們領域早期的研究具有較大的展望，因為他們處理主題的性質，因為今天他們迫切需要饒富意義的工作。

並非人人都感到這種不安，但對於時時謹記社會科學展望，以及坦然明白當前的作品既矯情又平庸的人來說，這項事實就是引發更嚴重不安的因素。老實說，我正是希望增加這種不安，釐清不安的一些源頭，助其轉化為明確的動力來實現社會科學的展望，並為新的開始鋪路：總而言之，要指出當前該進行的任務，以及可用哪些方式來做。

最近，我抱持的社會科學觀念並不具優勢。我的觀念反對：將社會科學視為一套科層技術，那以「方法論的」傲慢抑制社會探究、作品充斥隱晦的觀念，或藉由關切那些與公共議題無關的次要問題，讓社會探究變得瑣碎。這般抑制、隱晦和瑣碎已在今天的社會學研究造成危機，卻絲毫未能提出脫離危機的途徑。

有些社會科學家強調「技術研究團隊」的必要，也有人主張要以個別學者為優先。有人投入大量心力精進調查的方法與技巧：也有人覺得學者做學問的方法即將被放棄，亟待復興。有人遵循死板的機械程序來做研究；也有人力求培養、引介和運用社會學的想像。有人——對高度形式主義的「理論」成癮——用別人看來奇怪的方法組合和拆解概念；其他人則呼籲，唯有在有助於擴展感性的範圍和推進理性的範疇時，才有必要闡釋詞彙。有人詳盡研究小範圍的情境，希望「堆砌出」大結構的概念；也有人則檢視社會結構，試著在其中「定位」許多較小的情境。有人一概忽略比較研究，只研究某段時期、某一社會的某個小社區；也有人直接對世界各國的社會結構進行全面、徹底的比較。有人將研究只局限在短期連續發生的人類事務；也有人關切唯有長期史觀中才能浮現的議題。有人專業化地遵照學科之分進行研究；也有人則把所有學科一網打盡，專攻主題或問題，不論其在學術上的劃分。有人同時處理各式各樣的歷史、個人生命史、社會；其他人則不然。

這樣的對比，以及其他許多諸如此類的對比，不見得是非此即彼，但在政治家般如火如荼的辯論中，或懶惰、安全的專業化論斷中，它們常被迫二選一。在這裡我僅陳述而不判斷；我會在本書的尾聲回來探討它們。我當然希望我的偏見顯露出來，因為我認為個人判斷必須明確。但我也試著撇開我自己的判斷，陳述社會科學的文化與政治意義。當然，我的偏見和我即將檢視的那些偏見，都一樣是偏見。那些不喜歡我的偏見的人，就讓他們反駁我，讓他們努力使他們自己的偏見顯露無遺，就像我顯露我的偏見一般。如此一來，人們將認知與討論社會研究的道德問題——社會科學做為公共議題的問題。如此一來，各地的人們會有更強的自覺——這當然是整體社會科學要建立客觀性的前提。

簡單地說，我相信這種或可稱為古典社會分析的東西，是一套可定義且可利用的傳統；它的基本特色是關切歷史的社會結構；它處理的問題和緊迫的公共議題與急切的個人煩惱有直接關係。我也相信目前有重重障礙阻止這個傳統延續下去——包括社會科學內部的，還有周遭學術及政治環境中的——但構成這種傳統的心智特質，正成為我們全體文化生活的公分母，而我相信，不論有多模糊，不論外表看來多難解，人們將會感受到其必要性。

說來奇怪，在我看來，許多社會科學的從業者，特別在美國，似乎不情願接受眼前的挑戰。很多人事實上已放棄社會分析在知識和政治上的任務；其他人則無疑不想承擔他們被分派的角色。有時他們看似謹慎地提出老掉牙的策略，卻懷有前所未有的膽怯。但儘管他們百般不願，現今知識及大眾的目光顯然投注於該由他們研究的社會世界，使他們不得不同意，自己正面臨一個千載難逢的機會。在這個機會中，社會科學在知識上的展望、社會學的想像在文化上的用途，以及人類與社會的研究在政治上的意義，將一一揭露。

六

對自認社會學家的我，夠尷尬的是，我將在下面幾章思考的所有不幸的趨勢（可能只有一個例外），都落在一般人認為的「社會學領域」，儘管這些趨勢隱含有文化和政治的自我放棄傾向，無疑也是其他社會科學日常工作的通病。不論這情況在政治學、經濟學、歷史和人類學之類的學科是否真確，在今天的美國，俗稱社會學的東西顯然已成為省思社會科學的重心。社會學已經變成對方法最感興趣的學科，也能在其中找到對「一般理論」（general theory）的偏執。形形色色的知識成就已融入社會學傳統的發展中。若將這種多樣性詮釋為**單一的傳統**（A Tradition），本身就過於魯莽。但或許大家能認同的是：現在被認定為社會學的作品，多半是往下面三個大方向前進，而每個方向都容易遭到扭曲，也容易走火入魔。

趨勢一：趨向一種歷史理論。比如在孔德、馬克思、史賓賽和韋伯手中，社會學是百科全書般的志業，關乎人類全部社會生活。社會學兼具歷史性和系統性——具歷史性是因為它處理並援用過去的資料；系統性是因為它這麼做是為了辨別歷史進程的「階段」和社會生活的規律。

人類歷史的理論可能太容易被扭曲成超歷史的緊身衣，把人類歷史的資料強塞進去，擠壓出未來預言性的觀點（通常是陰鬱的觀點）。湯恩比（Arnold Joseph Toynbee）[17]和史賓格勒（Oswald Spengler）[18]的作品都是著名的例子。

趨勢二：趨向一種「人與社會的本質」的系統性理論。例如在形式主義者，特別是齊美爾（Georg Simmel）[19]與馮維澤（Leopold Max Walther von Wiese）[20]的作品中，社會學處理概念，打算用來劃分所有社會關係，並洞察其不變的特色。簡言之，形式主義以相對靜態而抽象的眼光，在相當高的普

17【譯者注】湯恩比（一八八九—一九七五）是英國史學家，著有十二冊《歷史研究》（*A Study of History*），主張文明才是歷史的單位。其叔父阿諾爾德・湯恩比（Arnold Toynbee，一八五二—一八八三）是英國著名經濟史學家，「工業革命」一詞的創造者。

18【譯者注】史賓格勒（一八八〇—一九三六）是德國歷史哲學家、文化史學家及反民主政治作家，著作以《西方的沒落》（*The Decline of the West*）最負盛名。

19【譯者注】齊美爾（一八五八—一九一八）是德國社會學家及哲學家，形式社會學的開創者，認為「距離」是了解現代性的重要概念。

20【譯者注】馮維澤（一八七六—一九六九）是德國社會學家及經濟學家，致力將社會學脫離歷史、心理學和哲學，成為獨立的一門社會科學。

遍性層次看待社會結構的組成。

或許為了因應趨勢一的扭曲，形式主義可以完全拋棄歷史：這種人及社會的本質的系統性理論往往很容易變成精巧而枯燥的形式主義，核心要務成了**大概念**的切割和無止境的重組。在我所稱的「鉅型理論家」（Grand Theorist）身上，概念確實已變成**大概念**。帕森斯（Talcott Parsons）[21]是當代美國社會學最好的例子。

趨勢三：趨向當代社會事實與問題的經驗研究。雖然一直到一九一四年前後，孔德和史賓賽都是美國社會學的主流，德國理論的影響也很深，但經驗研究很早就是美國的主流。這現象是因為經濟學和政治學先奠定了學術地位。因此，一旦將社會學定義為社會特定領域的研究，它很容易成為在各種社會科學中幹雜事的人，由學術研究雜七雜八的殘羹剩菜組成。有都市、家庭、種族和族群關係的研究，當然還有「小團體」（small group）的研究。如同我們將見到的，如此形成的大雜燴已轉化成一種思想風格，而我將在「自由主義實用性」（liberal practicality）一詞底下檢視這種風格。

當代事實的研究很容易變成一系列不大相干、通常也不怎麼重要的經驗事實。美國社會學的許多課程設置就闡明了這點；社會解組（social disorganization）領域的教科書或許最為明顯。另一方面，社會學家儼然成為幾乎所有事情的研究技巧專家；在社會學家身上，方法（methods）已經成為方法論（methodology）本身。倫伯格（George A. Lundberg）、史托福（Samuel Stouffer）、杜德（Stuart Dodd）、拉札斯菲爾德（Paul F. Lazarsfeld）[22]都是當前的例子。這些趨勢——注意力分散、為建立方法而建立方法——彼此密切配合，但不見得會連袂出現。

社會學的怪現象，或許可視為以上一種或多種傳統趨勢的扭曲。但社會學的展望也可以根據這些趨勢來理解。在今天的美國，已出現一種希臘風格的融合，來自數個西方社會的社會學的各種元素和目標的重組。其危險在於，面對如此豐富多元的社會學，其他社會科學家會失去耐性，社會學家必須匆匆忙忙地「研究」，因而掌握不住真正寶貴的遺產。但在這樣的處境中也有一個契機：社會學的傳統精湛、完整地陳述了整體社會科學的展望，也實現了部分成就。社會學家可在這些傳統中找到的微妙與啟發無法用三言兩語概括，但能領略箇中奧妙的社會科學家，將會收穫豐富。掌握奧義，便很容易在社會科學領域為自己的研究找到全新的方向。

我會在檢視完一些社會科學習以為常的曲解（第二章到第六章）之後，回到社會科學的展望（第七章到第十章）。

21【譯者注】帕森斯（一九〇二—一九七九）是美國社會學家，於二次世界大戰後統整社會學理論，並關注個人、社會、文化等系統的整合問題。

22【譯者注】倫伯格（一八九五—一九六六）、史托福（一九〇〇—一九六〇）、杜德（一九〇〇—一九七五）、拉札斯菲爾德（一九〇一—一九七六）皆為美國經驗研究派的社會學家。

第二章——

鉅型理論

讓我們從一個鉅型理論的樣本開始。那引用自帕森斯的《社會系統》（*The Social System*）。帕森斯是這種派別首屈一指的代表，而這本書被公認是他最重要的著作。

> 共享的符號系統中，若有某個元素可做為在情境的各種取向中做出選擇的一套準則或標準，或許可以叫作「價值」（value）……但考慮到符號系統的角色，我們有必要區別行動整體的動機取向和「價值取向」（value-orientation）面向。這個面向關心的不是行為者依據滿足—剝奪平衡方面所預期的事態對他的意義，而是選擇標準本身的內容。因此，價值取向在此意義上的概念如同邏輯工具，可以有系統地闡述文化傳統主要是怎麼轉化成行動系統的一個主要面向。
>
> 由規範取向的衍生和價值在行動中扮演的角色推斷，所有價值都涉及所謂的社會參考（social reference）……那在一個行動系統與生俱有——套句話說——行動是「規範取向的」（normatively oriented）。如前文所述，這源於預期的概念，以及預期的概念在行動理論中的地位，特別是行動者追求目標的「能動」（active）階段。於是，預期，結合所謂互動過程的「雙重偶發」

（double contingency），形成至關重要的秩序問題。接下來，這個秩序問題也許可分出兩個面向，一是使溝通成為可能的符號系統裡的秩序，二是動機取向與預期規範面向相互關係中的秩序，即「霍布斯式」[23]的秩序問題（the 'Hobbesian' problem of order）。

因此，秩序問題，還有整合穩定的社會互動系統——即社會結構——的本質，著眼於我們的人際脈絡，以能整合行動系統的規範性文化標準來整合行為者的動機。以前一章所用的術語，這些標準是價值取向的模式，因此也是社會系統的文化傳統中特別關鍵的一環。[24]

看到這裡，也許有些讀者會想翻到下一章去：希望他們不會這樣衝動。「鉅型理論」——概念的組合與分解——非常值得細細思考。的確，它的影響沒有下一章要檢視的方法論禁制那麼重要，因為這種風格不易普及。事實是鉅型理論並不容易理解；人們也懷疑它可能不知所云。這當然是個防衛性的優勢，但既然它的**聲明**（pronunciamentos）要影響社會科學家的工作習慣，這就是劣勢了。我們是如實陳述，不是為了取笑，因此，必須承認社會科學家已經以下列一種或多種方式接受鉅型理論：

對於至少一些自稱了解它又喜歡它的人來說，鉅型理論是整個社會科學史上最偉大的進展之一。

對於許多自稱了解它但不喜歡它的人來說，鉅型理論是無聊又無關緊要的冗長作品（這種人很少見，因為討厭和不耐煩讓很多人根本不想把它弄明白）。

對於那些並未自稱了解它卻非常喜歡它的人來說——這種人很多——鉅型理論是一座奇妙的迷宮，正因常華麗得難以理解而令人神魂顛倒。

至於那些並未自稱了解它也不喜歡它的人——如果還勇於相信它的話——會覺得鉅型理論其實是國

王的新衣。

當然也有很多人沒有什麼看法，而有更多人耐心地保持中立，等著學術界的結論——如果有的話。而雖然鉅型理論或許是令人畏懼的思想，但許多社會科學家除了道聽塗說而認定它惡名昭彰，根本對它一無所悉。

以上種種都提到一個痛處——可理解性（intelligibility）。這點當然已超出鉅型理論的範圍，[25]但鉅型理論家深深執著於此，使我們恐怕真的得問：鉅型理論是否只是一大堆亂七八糟的廢話，或者真的有什麼內涵。我的答案是：它真的有內涵，當然埋得很深，但仍說出一些東西。於是問題變成：移去所有妨礙我們了解鉅型理論意義的東西，所有可理解的東西一目了然之後，鉅型理論說了什麼？

一

只有一種方法可以回答這個問題：我們必須翻譯出一個這種思想風格的主要例子，然後想想譯文。我已經提示過我要選的例子了。現在我想先澄清，在這裡我無意評斷帕森斯作品整體的價值。如果我引

23【譯者注】霍布斯指的是英國政治哲學家霍布斯（Thomas Hobbes，一五八八—一六七九），他提出社會契約論，認為自然狀態下的生活是「所有人對抗所有人的戰爭」，出於自利，人們會與君王簽訂契約並服從其領導，建立公民社會。

24【作者注】帕森斯：《社會系統》，一九五一年，頁一二、三六—七。

25【作者注】請參閱附錄第五部分。

用他其他著作，只是為了便於釐清這本書中的某個論點。在用白話文翻譯《社會系統》的內容時，我不敢妄稱我的翻譯精湛絕倫，只敢說譯文沒有遺漏任何明確的意義。我敢說，我的譯文包含所有可理解的部分。尤其，我將試著從詞語的定義，以及詞語關係的釋義中理出有意義的敘述。詞語的定義及詞語的關係都很重要；相互混淆，就會嚴重影響清晰度。為了證明這是必要之舉，我會先翻譯幾個段落，然後提供整本書兩段縮短版的譯文。

改寫這一章開頭引用的例子：人們常有共同的標準，預期彼此都能遵守。只要彼此都能遵守，社會便可能有井然有序。（翻譯結束）

帕森斯寫道：

接下來有種「約束」（binding-in）的雙重結構。首先，經由將標準內化，服從標準通常對自我（ego）而言，有個人、表現／或工具性的意義。另一方面，他我（alter ego）會對自我的行動有所反應，這些反應即是制裁（sanction），而其結構取決於他對標準的服從情況。因此，服從做為直接滿足本身需求的一種方式，往往會與做為獲取他人有利反應、避免他人不利反應的一種條件的服從趨於一致。只要相對於眾多行動者的行動，服從一種符合這些準則的價值取向標準，也就是在系統裡任何行動者的眼中，那既是實現他本身需求傾向的方式，也是「優化」（optimizing）其他重要行為者反應的條件，那麼那個標準就可以說被「制度化」（institutionalized）了。

這種意義的價值模式一向是在**互動**（interaction）情境中被制度化。因此為價值模式整合的期望系統，總會有雙重面向。一方面，有關於自我（被視為參照點），為行動者及行動者的行為在某種程度上設立標準的預期；這些是他的「角色預期」（role-expectation）。另一方面，從他的角度來看，有一套預期與他人（他我）偶發的可能反應有關——這些被稱為「制裁」，可能會根據自我感受到的是促進滿足或剝奪滿足而區分成正面與負面的制裁。角色預期和制裁的關係顯然是互相的。對自我是制裁，他我就是角色預期，反之亦然。

於是，角色成了個體行動者整個取向系統的要角；這個系統是因應與特定互動情境有關的預期而組織，且與一套特定的價值標準整合，這套標準又支配著自我與扮演適當互補角色的他我的互動。這些他我不必是明確的一群個體，但可以是任何他我，只要他能與自我形成某種互補的互動關係——彼此根據共同的價值取向標準有預期的互惠性。

一套角色期望和相應制裁的制度化，顯然是程度問題。這個程度是兩組變數的函數；第一組是影響價值取向模式的實際共享程度的變數，第二組變數則決定滿足預期的動機取向或承諾。如我們將看到的，透過這兩種管道，有形形色色的因素可以影響制度化的程度。不過，站在完整制度化極端對立面的是**脫序**（anomie），即互動過程欠缺結構化互補，或者殊途同歸，兩種意義上的規範性秩序徹底瓦解。但這是一種限制性的概念，從來沒有哪個具體的社會系統被這樣描述過。一如制度化有程度之分，脫序也有。兩者互為反面。

制度可說是制度化角色的複合體，整合了該社會系統的策略性的結構意義。制度應被視為社會結構中層次高於角色的秩序單位，實際上，制度是由許多相互依賴的角色模式或模式的部件組成。[26]

用我的話來說：人是為互相支持或彼此反對而行動。每個人都會考慮別人的預期。當這樣的相互預期夠明確也夠持久，我們稱之為標準。每個人也會預期他人會對他做的事情有反應。我們稱這些預期反應為制裁。有些制裁令人愉快，有些不然。當人們受標準和制裁引導時，我們可以說他們一起扮演某些角色。這是相當方便的隱喻。事實上，我們稱為制度的東西，最好的定義就是一組相當穩定的角色。當在某種制度內——或是由這樣的制度組成的整個社會內——標準和制裁不再掌控人們，我們可以引用涂爾幹的話，稱之為**脫序**。於是，一個極端是制度，標準和制裁井井有條；另一個極端則是**脫序**：如葉慈（W. B. Yeats）[27]所言，中梁已傾；或如我所說，規範性的秩序崩潰了。（翻譯結束）

我必須承認，這段翻譯沒有完全忠於原文；我幫了點忙，讓這些非常好的構想呈現出來。事實上，鉅型理論家的許多觀念，一旦經過翻譯，多少是社會學教科書上看得到的東西。但有關「制度」的部分，它所提出的定義並不十分完整。對於這段翻譯的文字，我們必須補充，構成制度的角色通常不只是「共同預期」的重要「互補」而已。你去過軍隊、工廠——或者家庭嗎？這些都是制度。在制度裡，某些人的預期似乎比其他人來得急迫。我們會說，那是因為他們有較大的權力。或者改用較具社會學意味（雖然不完全算社會學）的話來說：制度是一組按權威分等級的角色。

帕森斯寫道：

從動機方面考量，人們依附共同價值意味著行動者有共同的「情感」支持那些價值模式，其意義或可界定為，對相關預期的服從會看成「好事」，而這種好事與可從這樣的服從獲得的明確工具性「利益」相對無關，例如避免負面的制裁。另外，這種對共同價值的依附固然符合行動者當前對滿足的需求，但也向來具有一種「道德」面向，因為在某種程度上，這樣的服從界定了行動者要在他參與的廣大社會行動系統中負起哪些「責任」。責任的焦點，顯然擺在由特定共同價值取向所建構的集體性。

最後，相當明顯的是，支持這種共同價值的「情感」，在其特定結構中並不是有機體天生習性之表現。它們通常是學來或取得的。另外，它們在行動取向中扮演的角色，主要不是被認知和被「調適」的文化客體，而是已被內化的文化模式；它們構成了行動者本身性格系統結構的一部分。因此，這樣的情感或所謂「價值態度」，是人格真正的需求傾向。唯有透過制度化價值的內化，社會結構的行為才會發生真正的動機整合，才可能駕馭「較深」層次的動機來完成角色預期。唯有在這種情況經常發生時，我們才可能說社會系統已高度整合，才可以說集體利益和其組成分子的個體利益趨於一致。[*]

* 真正的一致應視為極不可能的情況，就像眾所皆知無摩擦力機器那樣。儘管就經驗上而言，社

26 【作者注】帕森斯：《社會系統》，頁三八—九。

27 【譯者注】葉慈（一八六五—一九三九）是愛爾蘭詩人，一九二三年諾貝爾文學獎得主。這句話出自他的詩作《第二次來臨》（*The Second Coming*），原文為「Things fall apart; the center cannot hold」。

會的動機系統與一組始終一致的文化模式完全整合是前所未聞之事，但這種整合性社會系統的觀念具有極重要的理論意義。（米爾斯〔C. Wright Mills〕：此段為帕森斯的腳注）。

一套共同價值模式與人格中已內化的需求——傾向結構之整合，就是社會系統動態的核心現象。除了最轉瞬即逝的互動過程，任何社會系統的穩定性都取決於一定程度的這種整合，這個事實或許可說是社會學的基本動力原理。對於自稱社會過程動態分析的研究而言，這是重要的參考點。[28]

用我的話來說：人們有同樣的價值觀時，他們的行為往往會依據預期彼此預期的行為模式來表現。另外，他們通常會把這樣的服從看成非常好的事情——就算那似乎會違背他們眼前的利益。這些共同價值是習得而非遺傳的事實，不會減損它們對人類動機的重要性。恰恰相反的，它們已成為人格的一部分。於是，它們把社會結合在一起，因為社會的預期已成為個人的需要。這對任何社會系統的穩定性都很重要，因此，如果我要分析某個我持續關注的社會，我會用它做為主要的出發點。（翻譯結束）

我猜想，以類似的方式，我們可以把五百五十五頁的《社會系統》改寫成一百五十頁白話文。這不是多了不起的成果，但將使那本書的關鍵問題，以及書中對問題的解決之道，得到最清楚的敘述。任何構想，任何書籍，當然都可以濃縮成一句話提示或用二十鉅冊闡釋。問題是，需要用多完整的陳述來把事情說清楚講明白，以及事情有多重要，它能讓多少經驗變得可以理解，能讓我們得以解決或至少陳述多大範圍的問題。

例如，如果要用兩、三句話提示帕森斯這本書：「它問我們：社會秩序如何成為可能？它給的答案似乎是：共同接受的價值。」這是書中的全部內容嗎？當然不是，但這是它的要旨。這樣說會不公平嗎？難道任何書都可以這樣處理嗎？當然是。我自己寫的一本書也被這樣處理：「到底是誰操縱美國？沒有哪一個人一手操縱它，但有沒有哪個團體呢？權力菁英（the power elite）。」你手上的這本書也是如此：「社會科學在講什麼？社會科學應該是研究人和社會的，有時確實如此。社會科學試著幫助我們理解傳記和歷史，以及這兩者在各種社會結構中的關聯性。」

以下用四段文字改寫帕森斯整本著作：

讓我們想像一種或可稱為「社會系統」的東西，個人會在系統內參照彼此而行動。這些行動通常相當有秩序，因為系統裡的個人有共同的價值標準，以及得體、務實的行為方式的標準。其中一些標準，我們或可稱為規範；遵照規範行動的人，通常在類似的情況會有類似的舉止。「社會規律」（social regularities）由此而生，我們可以觀察到這些規律性，而且它們相當持久。這樣長久、穩定的規律，我稱之為「結構性」的規律。我們可以把社會系統內的種種規律性看成一種巨大而複雜精細的平衡。不過現在我要拋開這個比喻，因為我希望你把我的**大概念**：社會均衡，當成非常真實的東西。

社會均衡主要靠兩種方式來維持，倘若其中一者或兩者失靈，就會導致失衡。第一種是「社會化」，泛指所有將新生兒轉變成社會人的方式。這種社會對個人的塑造，關鍵在於使個人習得採取社會行為的動機：接受符合他人要求或期望的社會行為。第二種方式是「社會控制」，泛指所有讓人們循規

28【作者注】帕森斯：《社會系統》，頁四一—二。

蹈矩，以及他們讓自己循規蹈矩的方式。當然，這裡的「規矩」我指的是在社會系統裡典型被預期或認可的一切行為。

維持社會均衡的第一個問題是讓人們想做他們被要求或被預期的事。若不成，第二個問題是採取其他手段讓他們循規蹈矩。韋伯為這些社會控制做了最好的分類，也給了最好的定義，無人能出其右，我沒什麼要補充的。

有一點確實讓我有些困惑：既然有這樣的社會均衡，以及所有促進社會均衡的社會化和社會控制，怎麼還會有人不守規矩呢？我無法用我對社會系統提出的系統論和一般論（Systematic and General Theory）做出很好的解釋。還有一點不如我希望的說清楚：我該如何解釋社會變遷——意即解釋歷史呢？對於這兩個問題，我建議不論你們什麼時候碰到，都要進行經驗研究。（翻譯結束）

也許這樣就夠了。當然我們可以改寫得更充分，但「更充分」不見得意味著「更適切」，我也邀請讀者細讀《社會系統》深入了解。此時此刻，我們有三件任務：一、描繪鉅型理論表現出的邏輯思考方式；二、釐清這個例子隱含的某種典型的混淆；三、指出現今多數社會學家是如何提出和解決帕森斯的秩序問題。我這麼做的目的在於協助鉅型理論家走下無實際效用的空中樓閣。

二

社會科學家彼此間的重大差異不在於有人只觀察不思考，而有人只思考不觀察；他們的差異在於進行哪些類型的思考、哪些類型的觀察，以及兩者間如果有關聯，是什麼樣的關聯。

鉅型理論的成因是其一開始選擇的思考層次太一般化，使其實踐者無法順理成章地落實到觀察。鉅型理論家無法走出普遍概括性，來到歷史與結構的脈絡中。對真正的問題缺乏踏實的感覺，會進而使他們的字裡行間充滿不切實際。一個因此產生的特徵是：對問題的特點看似武斷且無止境的分類，這既不能增進我們的理解，也無法讓我們的經驗更合情理。這種情況也反映在他們有意無意地放棄平鋪直敘地描述和解釋人類的行為和社會。

當我們思考一個詞語代表的意義時，我們在處理它的**語義的**（semantic）層面；當我們斟酌它和其他詞語的關係時，我們是在應付它的**語法的**（syntactic）特色。[29]我之所以提出這些簡稱是因為它們精簡說明了這個論點：鉅型理論沉醉於語法，對語義視而不見。它的奉行者並未真正了解當我們給一個詞語下定義時，我們只是要別人照我們希望它的方式使用它；他們不了解定義的目的是讓論證聚焦於事實，而好定義要將對用語的論證轉變成對事實的異議，進而讓論證接受進一步的探究。

鉅型理論家是如此沉迷於語法意義而對語義如此欠缺想像力，又如此死板地受限於高的抽象層次，使得他們建構的「類型學」（typology）——以及為建構類型學而做的工作——常顯得像貧乏的**大概念**遊戲，而非努力系統性地——也就是以清楚、有條理的方式——定義手邊的問題，並指引我們努力解決問題。

29【作者注】我們也可以考量詞語和使用者的關係——實用的面向，在此我們沒必要擔心這個。這些是莫里斯（Charles M. Morris）在其〈信號理論基礎〉（Foundations of the Theory of Signs）一文中簡潔系統化的「意義的三個層面」。《整合科學國際百科全書》（*International Encyclopedia of Unitied Science*）第一卷第二號。

從鉅型理論家的研究欠缺系統性這點，我們可以學到一個重要課題：每一位有自覺的思想家都必須時時留意──因而能夠掌控──自己研究事物的抽象層次。能夠輕鬆又清晰地在各種抽象層次之間穿梭，是兼具想像力與系統性的思想家的正字標記。

在諸如「資本主義」、「中產階級」、「科層體制」、「權力菁英」或「極權民主」等詞彙旁邊，常圍繞著一些有點模糊不清的意涵；在運用上述詞彙時，必須密切注意和控制這樣的意涵。在上述詞彙周遭，也常有幾組事實與關係的「複合體」和純屬臆測的因素及觀察心得。我們在定義和運用概念時，也必須仔細加以整理及釐清。

要釐清這些概念的語法和語義面向，我們必須了解每一種概念的底層，也要能夠考量所有層次。我們必須問：我們使用「資本主義」時，是否僅僅意味著所有生產工具皆為私有的事實？或者也想在這個詞彙底下包含更深一層的概念：自由市場是決定價格、工資、利潤的機制？我們是否想當然地認為，就定義而言，這個名詞既包含經濟制度，也包含政治秩序的主張？

這樣的心智習性，我認為就是系統性思考的關鍵，若缺乏這種習慣，便容易對大概念盲目迷戀。現在，當我們更具體地探討帕森斯著作的主要混亂之處，或許會更清楚缺乏這種習慣的結果。

三

自稱提出「一般社會學理論」，鉅型理論家建構的其實是一個概念的王國，人類社會的許多結構性要素都被排除在外，偏偏這些要素長久以來都被公認為正確地理解人類社會的基石。表面上這是刻意為之，為的是讓社會學家的關懷成為專業化的工作，與經濟學家和政治學家的工作有所區別。據帕森斯的說法，社會學涉及「社會系統的理論中，與社會系統內價值取向模式、制度化現象與條件，以及那些模式的變遷有關的面向，包含服從和背離那些模式的條件，以及種種動機過程——只要動機過程涉及服從和背離」。[30]加以翻譯並除去假設（任何定義都該除去假設）後，這段話變成：我這種類型的社會學家想要研究人們想要和珍視的東西。我們也想要了解為什麼會有形形色色的價值，為什麼價值會改變。在我們確實找到單一組價值後，我們想要了解為什麼有些人會服從，有些人不會。（翻譯結束）

如洛克伍德（David Lockwood）所指出，[31]這樣的敘述把社會學家帶離對「權力」，對經濟和政治制度的關懷。我想更進一步探討。這句敘述，事實上還有帕森斯整本書，主要處理的是傳統上所謂的「正當性」（legitimation），而非制度。我想，結果就是按照定義把所有制度的結構轉化為一種道德領域——或者更精確地說，轉化為所謂的「符號領域」（symbol sphere）。[32]為說清楚這個論點，我想先解釋一下這個領域，再討論它聲稱的自主性（autonomy），最後再指出，為什麼根據帕森斯的概念，會

30【作者注】帕森斯：《社會系統》，頁五五三。

31【作者注】請參閱他精采絕倫的〈對《社會系統》的一些評論〉（Some Remarks on "The Social System"），《英國社會學刊》（*The British Journal of Sociology*）第七卷，一九五六年六月二日。【譯者注】洛克伍德（一九二九—二〇一四）是英國社會學家。

32【作者注】葛斯（H. H. Gerth）和米爾斯合著之《人格與社會結構》（*Character and Social Structure*），頁二七四—七，我在這一節及下面第五節大量引用。

連針對社會結構的分析提出幾個最重要的問題都變得如此困難。

當權者會試圖正當化本身對制度的統治，這是統治的必然結果，於是，民眾廣為信仰的道德符號、神聖象徵和法律準則連結起來，建立其統治的正當性。這些核心觀念或許指的是一神或多神、「多數決」、「人民意志」、「才能或財富至上的菁英統治」、「君權神授」，或統治者本身天賦異稟。韋伯之後的社會科學家稱這種概念為正當性，有時也叫「合理化的符號」。

不同的思想家用了不同的名詞指稱它們：莫斯卡（Gaetano Mosca）[33]的「政治公式」（political formula）或「大迷信」、洛克（John Locke）[34]的「主權原則」（principle of sovereignty）、索雷爾（Georges Sorel）[35]的「統治神話」（ruling myth）、阿諾德（Thurman Arnold）[36]的「民俗」（folklore）、韋伯的「正當性」、涂爾幹的「集體表徵」（collective representations）、馬克思的「支配思想」（dominant ideas）、盧梭（Jean-Jacques Rousseau）[37]的「總意志」（general will）、拉斯威爾（Harold Lasswell）[38]的「權威符號」（symbols of authority）、曼海姆的「意識形態」、史賓賽的「公共情操」（public sentiments）——這些和其他諸如此類的用語證明主要符號（master symbol）居於社會分析的中心位置。

類似地，在心理分析中，這樣的主要符號一旦被個人接收，便會形成理由與動機，促使個人扮演角色以及制裁個人扮演角色。例如，若大眾依自利（self-interest）合理化經濟制度，那麼就個人行為而言，或許就具有可接受的正當性。但如果大眾覺得有必要依照「公共服務和信任」（public service and trust）來合理化這樣的制度，那麼古老的自利動機和理由便可能使資本家萌生罪惡感，或起碼感到不安。最終，對大眾產生效用的正當性也會變成個人動機。

現在，帕森斯與其他鉅型理論家稱為「價值取向」和「規範結構」的東西，主要和正當性的主要符號有關。這確實是個實用而重要的主題。這類主要符號與制度結構的關係是社會科學最重要的問題。但這類符號並未在社會構成某種自主領域；主要符號的社會意義在於被用來合理化或反對某種權力分配，以及當權者在這種權力分配中的地位。它們的心理學意義則在於，它們成為依附或反對權力結構的基礎。

我們不能只假設社會**必須**盛行某一套價值或正當性，否則結構就會崩解，也不能假設社會結構一定要被任何這樣的「規範結構」凝聚。當然我們不能只假設這些可能盛行的「規範結構」是獨立自主的，無論這個詞代表的任何意義。事實上，對現代西方社會來說——特別是美國——有相當多證據表明與上述相反的假設比較正確。現代西方社會往往——儘管不包括二次大戰以來的美國——有組織得相當不錯的反對派的符號系統，用來證明暴動的正當性和拆穿統治權威。美國政治體系能夠延續至今，史上僅受

33【譯者注】莫斯卡（一八五八—一九四一）是義大利政治理論家，以發展菁英主義理論和政治階級學說而聞名。

34【譯者注】洛克（一六三二—一七〇四）為英國哲學家，為經驗主義代表人物，亦被視為啟蒙時代最具影響力的思想家和自由主義者。

35【譯者注】索雷爾（一八四七—一九二二）為法國哲學家；社會主義革命派理論家。

36【譯者注】阿諾德（一八九一—一九六九）為美國律師，亦曾任哥倫比亞特區上訴法院大法官。

37【譯者注】盧梭（一七一二—一七七八）為啟蒙時代法國哲學家、教育思想家、政治理論家。

38【譯者注】拉斯威爾（一九〇二—一九七八）為一九五〇至七〇年代美國社會科學的泰斗，也有政策科學之父之稱。

過一次內亂威脅，是相當稀罕的；這個事實或許是帕森斯之所以在構思「價值取向的規範結構」時受誤導的原因之一。

「政府」，誠如愛默生（Ralph Waldo Emerson）[39]所說，「不見得起源於人們的道德認同」。相信政府源於道德，是把政府的正當性和起源混為一談。某些社會的民眾會有這樣的道德認同，多半——甚至十之八九——取決於這個事實：制度上的統治者成功地壟斷，甚至強制灌輸他們主要符號。

約一百年前，相信符號領域是自主的、相信這樣的「價值」確實可能主宰歷史的人，曾詳盡討論這件事：賦予權威正當性的符號和行使權威的個人或階層是無關的。於是，他們認為進行統治的是「觀念」，而非運用觀念的階層或個人。為賦予這些符號連貫性，它們以某種環環相扣的方式呈現。因此這些符號被視為會「自決的」。為了讓這種奇怪的見解看來更可信，符號常被「擬人化」或給予「自我意識」（self-consciousness）。於是它們可能被想像成**歷史的大概念**（The Concepts of History）或決定制度變動的一系列「哲學家」，或者我們還可以補一句：「規範性秩序」的大概念或許被盲目崇拜了。當然，我剛只是換種說法敘述馬克思和恩格斯（Friederich Engels）[40]對黑格爾（G. W. F. Hegel）[41]的論述罷了。[42]

一個社會的「價值」，不論在各種個人情境有多重要，若無法賦予制度正當性、無法促使人們扮演制度需要的角色，在歷史學和社會學上就無關緊要。賦予正當性的符號、制度的權威和服從的個人之間當然有交互作用。有時我們應毫不遲疑地給予主要符號因果的重要性，但不可將此概念誤解成社會秩序或社會整合的**唯**一理論。如我們一會兒將見到的，建構「整體性」（unity）有更好的方式，可以更有系統地闡述社會結構的重大問題，更貼近觀察得到的資料。

既然我們對「共同價值」感興趣，那麼最好是藉由檢視每一種制度秩序在特定社會結構內的正當性，來建立我們對共同價值的觀念，不要一**開始**就企圖掌握共同價值，再從共同價值的觀點「解釋」社會的組成與整體性。[43]我認為，以某種制度性秩序而言，當它的成員絕大多數已接受那種秩序的正當性，當那種正當性已是要求服從的合理依據，或至少獲致滿足的條件後，我們才能說它有「共同價值」。接下來，再用這樣的符號「定義情境」（define the situation），定義各種角色遭遇的「情境」，並做為評判領導人和追隨者的標準。自然是極端而「純粹」的社會結構，才能展現這種普遍、核心符號的社會結構。

天平另一端則是這樣的社會：一套主宰的制度控制了全體社會，並以暴力和暴力威脅來強制灌輸它的價值。這不必然造成社會結構瓦解，因為人們可能被形式紀律（formal discipline）給制約；有時候，不接受制度對紀律的要求，他們可能沒有謀生的機會。

例如，一位技術嫻熟、受雇於保守派報社的排字工人，可能為了謀生和保住工作而不得不配合雇

39【譯者注】愛默生（一八〇三—一八八二）是美國思想家及文學家，堪稱美國文化獨立的代言人。

40【譯者注】恩格斯（一八二〇—一八九五）是德國哲學家、史學家，主張共產主義，比馬克思更傾向務實地為工人階級實現權益。

41【譯者注】黑格爾（一七七〇—一八三一）為德國哲學家，十九世紀唯心論的代表人物。

42【作者注】請參閱馬克思和恩格斯合著之《德意志意識形態》（*The German Ideology*），頁四二。

43【作者注】例如，關於美國商人企圖散播的價值觀，蘇頓（F. X. Sutton）、哈利斯（S. E. Harris）、凱森（C. Kaysen）和托賓（Tobin）合著之《美國商業信條》（*The American Business Creed*）是一部詳盡的經驗紀錄。

主在紀律上的要求。在他心中，以及出了排字車間，他可能是激進的煽動派。許多德國社會學家都允許自己成為德皇旗幟下嚴守紀律的士兵——儘管他們主觀上相信革命派馬克思主義的價值。從符號到行為再回到符號，是一段很長的距離，且並非所有整合都以符號為基礎。[44]

強調這樣的價值衝突並非否定「理性的一致力量」（the force of rational consistencies）。言行不一常是人類的特色，但努力追求兩者的一致也是。在特定社會占優勢的東西，不能基於「人性」或「社會學原理」或奉鉅型理論之令就判定為**先驗**（a priori）。[45]我們或許可以想像一種「純粹」的社會類型，有完善紀律的社會結構，而在社會中的被統治者，基於種種理由無法放棄他們被指定的角色，卻不認同統治者的價值，因此絕不相信這種秩序的正當性。那就像由「廚房奴隸」[46]操縱的船，有紀律的划槳動作使划槳者淪為機器的齒輪，僅偶爾需要監工拿鞭子施暴。廚房奴隸甚至不需要知道船的方向，雖然船頭一偏就會惹火船長——船上唯一看得到前方的人。不過，我可能已經開始描述，而非想像了。

在這兩種類型——「共同價值系統」和強制執行的紀律——之間，還有林林總總的「社會整合」（social integration）形式。多數西方社會都已融合許多分歧的「價值取向」；他們的矛盾需要各種正當性與強制性的調和。任一種制度秩序可能都是這種情況，而且不只是政治和經濟制度如此。一個父親可能會以不讓子女繼承為威脅來對家人頤指氣使，也可能會使用政治秩序允許他使用的暴力。就連在家庭這種神聖的小群體裡，「共同價值」的統一也絕非必要：不信任和憎恨或許正是把深情的家人凝聚在一起的必要條件。一個社會若沒有鉅型理論家相信普世皆有的「規範結構」，當然也可能欣欣向榮。

在這裡，我不想要闡述任何秩序問題的解答，單單只想提出問題。因為如果我們不能提出問題，就必須奉非常武斷的定義諭令，**假定**帕森斯想像的「規範結構」是「社會系統」的核心。

四

「權力」，照這個目前在社會科學領域的常見名詞，泛指人們針對本身生活秩序的安排，以及構成他們時代歷史的事件所做的任何決定。超出人類決定範圍的事件確實會發生；就算沒有明確決策，社會安排也確實會改變。但既然人類會做諸如此類的決定（以及可能做但沒有做），那麼誰會參與做決定（或不做決定）的問題，便是權力的基本問題。

今天我們不能假設，統治最終必須符合人們的共識。在目前盛行的各種權力運作手段中，包含管理和操縱民眾共識的權力。我們不知道這種權力的極限——而希望它真的有極限——的事實，無法消弭的事實是：今天多數權力能順利行使，可是沒有受理性的制裁或贏得民心。

當然，在我們的時代，我們無須爭論，萬不得已時，強制是行使權力的「最終」形式。但話說回來，我們不會一直處於萬不得已的情境。權威（由自願服從者的信仰賦予正當性的權力）和操縱（在無權力者渾然不覺下行使的權力）也必須和強制一同考量。事實上，當我們思考權力的本質時，必須時時

44【作者注】葛斯和米爾斯合著之《性格與社會結構》：頁三〇〇。
45【譯者注】先驗在拉丁文中指「來自先前的東西」，近代西方傳統認為先驗是無需經驗或先於經驗獲得的知識。
46【譯者注】廚房奴隸（galley slave）指被罰或賣到船上做苦役者，大都是戰俘。

釐清這三種類型。

在現代的世界，我認為我們必須謹記，權力通常不像它在中世紀看來那麼極具權威；正當性對於統治者行使權力似乎也沒那麼不可或缺。至少對我們這個時代的許多重大決策而言——特別是國際方面的決策——「說服」大眾已非「必需」；這輕易就達成了。另外，當權者通常既未採納亦不使用可供他們利用的意識形態。通常是在權力遭到有力的揭穿時，才採用意識形態做為反制；在美國，近來這樣的反對勢力不夠有力，尚不足以讓當權者覺得有必要建立新的統治意識形態。

當然，今天有許多擺脫主流信仰的人尚未取得新的信仰，因此對任何種類的政治關注都不熱衷。他們既不激進也不保守。他們毫無行動。如果我們接受希臘人把白痴定義成徹頭徹尾只顧自己的人，那我們必須斷言，許多社會的許多公民都的確是白痴。在我看來，這種——我非常謹慎地用這個詞——這種精神狀況是理解現代政治知識分子麻木不仁的關鍵，也是理解現代社會許多政治混亂的關鍵。一個權力結構能否存續甚至興盛，統治者和被統治者是否有知識的「信念」和道德的「信仰」皆非必要因素。就意識形態扮演的角色而言，當權者欠缺正當性，以及大眾普遍漠不關心，當然是今日西方社會的兩大核心政治事實。

在任何實質研究的過程中，抱持類似我所提出權力觀點的人，確實會遭遇許多問題。但帕森斯有所偏差的假設無法帶給我們任何幫助：他只想當然地認定，每個社會應該都有如他想像的「價值層級」。另外，這個假設的含意也有系統地阻礙我們清楚提出有意義的問題：

要接受他的體系，我們需要抹殺權力的事實——實際上是所有制度結構，特別是經濟、政治、軍事制度。在這種奇特的「鉅型理論」中，沒有支配的結構的位置。

以鉅型理論的用語，我們無法準確提出這個經驗問題：任何案例裡的制度被賦予多大程度的正當性，又是以何種方式賦予。鉅型理論家提出的規範性秩序，以及處理那種概念的方式，誤導我們想當然地認定，差不多所有權力都被賦予正當性了。誤認為事實上，在社會系統中，「一旦建立角色期望的互補性，要維持就不成問題……不需要特別的機制就能解釋這種互補性互動取向的維持。」[47]

用這些字眼，無法有效闡述「衝突」的想法。結構性的對抗、大規模的叛亂、革命——這些都無法想像。事實上，帕森斯假設「系統」一旦建立，就不只穩定，而且本質和諧；照他的話意，混亂一定是「被引進系統」的。[48]規範性秩序的想法致使我們假設，利益的和諧是任何社會的固有特色；在現在看來，這個想法就和十八世紀「自然秩序」哲學家的想法類似，是形上學的定錨點。[49]

衝突神奇消失，和諧奇妙達成，這兩點從「系統性」和「一般性」理論之中，不可能處理社會變遷與歷史。不僅是受到驚嚇的大眾和受到刺激的暴民、群眾和運動的「集體行為」——我們的時代充滿這種行為——在鉅型理論家以規範創造的社會結構中找不到位置。任何有關歷史本身是如何發生，以及歷史機制和過程的系統性概念，也是鉅型理論所不能及；因此，帕森斯相信，社會科學也不能及：「當我

47【作者注】帕森斯：《社會系統》，頁二〇五。
48【作者注】同上，頁二六二。
49【作者注】請參閱貝克爾（Carl Becker）的《天堂城市》（*The Heavenly City*）與柯瑟（Lewis A. Coser）的《衝突》（*Conflict*），The Free Press，一九五六年。

們可以獲得這樣的理論時，社會科學的黃金時代就來臨了。這在我們的時代不會來臨，很可能永遠不會來臨。」[50]這當然是極其含糊的主張。

幾乎任何實質問題都無法用鉅型理論來清楚陳述。還有更糟的：它的陳述常充滿價值判斷，也被空洞的詞語弄得含糊不清。例如，我們很難想像有比底下更徒勞的事情了：用「普遍性－成就」（universalistic-achievement）的「價值模式」來分析美國社會，卻不提現代資本主義成功的本質、意義和形式，也不提及資本主義的結構變遷；或者用「支配價值系統」來分析美國階層，卻不考慮基於財產和所得水準的「生活機會」（life-chance）的已知統計數據。[51]

我覺得這麼說並不過分：就鉅型理論家實際處理的問題而言，它們是用在鉅型理論中找不到位置，甚至自相矛盾的詞彙來處理。古爾德納（Alvin Gouldner）[52]曾說：「帕森斯針對變遷所做的理論和經驗分析突然列出一串馬克思的概念和假設，令人百思不解，就好像有兩套不相干的書並列，一套分析均衡，一套研究變革。」[53]古爾德納繼續談到在戰敗德國的例子裡，帕森斯是如何把徹底打擊年輕貴族（the Junkers）[54]評解為「專屬階級特權的案例」，以及如何以「招募新人的階級基礎」來分析文職行政部門。簡單地說，整個經濟和職業結構——以非常馬克思主義的詞彙構思，而非鉅型理論闡述的規範性結構——突然映入眼簾。這讓人抱持希望：鉅型理論家終究沒有斷絕與歷史事實的所有聯繫。

五

現在我要回到秩序問題，以霍布斯式的眼光來看，那似乎是帕森斯著作中的主要問題。我們可以簡單敘述，因為在社會科學的發展中，它已被重新定義，而且現今最有用的陳述或許可稱為社會整合的問題；當然，它確實需要社會結構和歷史變遷的操作概念。不同於鉅型理論家，我認為大部分的社會科學家會給出像這樣連珠炮似的答案：

首先，這個問題的答案不只一**個**。是什麼把社會結構凝聚在一起呢？答案不只一個是因為各種社會結構的統合在程度和類型上都有深刻的差異。事實上，依據不同的整合模式來構思社會結構的類別相當實用。我們一走下鉅型理論的高台，來到歷史的現實時，就會立刻明白它單一的**大概念**有多不切實際。憑藉鉅型理論的概念，我們無法思考人的多樣性，思考一九三六年的納粹德國、西元前七世紀的斯巴達、一八三六年的美國、一八六六年的日本、一九五〇年的大不列顛、戴克里先（Diocletian）時代的羅馬。[55]僅提出這種人的多樣性當然是想表明，不論這些社會有什麼共通點，都必須透過經驗檢視來發

50【作者注】帕森斯，引用自古爾德納，〈一九四五—五五年系統性理論的一些觀察〉（Some observations on Systematic Theory, 一九四五—五五），收錄於《美國的社會學》（*Sociology in the United States of America*），聯合國教育、科學及文化組織（UNESCO），頁四〇。

51【作者注】請參閱洛克伍德〈對《社會系統》的一些評論〉，頁一三八。

52【譯者注】古爾德納（一九二〇—一九八〇）為美國社會學教授，以一九七〇年的著作《西方社會學的迫近危機》（*The Coming Crisis of Western Sociology*）最負盛名。

53【作者注】古爾德納，同注50：頁四一。

54【譯者注】「容克」指普魯士地區的貴族地主，長期壟斷軍政要職，支持軍國主義政策，之後也逐漸開始從事資本經營。二次大戰時，蘇聯紅軍占領東普魯士，德國投降後，該地北部被蘇聯併吞、南部劃給波蘭，當地德意志居民遭到驅逐，容克階級也消失於歷史舞台。

55【譯者注】戴克里先（二四四—三一一）為羅馬帝國皇帝（二八四—三〇五在位），其改革讓羅馬帝國對所轄地區的統治得以延續數世紀。

掘。倘若以最空洞的形式，想去論斷社會結構的歷史範圍，那就是把個人的高談闊論誤認為社會研究工作了。

我們可以根據諸如政治、親屬、軍事、經濟、宗教等制度秩序，去思考社會結構的類型，這頗有用處。透過界定每一種制度秩序以便能夠在特定歷史社會之中分辨其輪廓，我們就可以問，每一種秩序和其他秩序有何關係，或簡單地說，它們是如何組成社會結構的。答案可以視為一組「操作模型」（working models），讓我們在檢視特定時代的特定社會時，更清楚地意識到各種秩序「環環相扣」的關係。

其中一種「模型」可以依照每一種制度秩序中相似的結構原則的發展情況來想像；且以托克維爾的美國為例。在那個古典的自由主義社會中，每一種制度性秩序都被認為是獨立自主的，若要與其他秩序相互協調，就必須要有自由。它的經濟採**自由放任**（laissez faire）；宗教領域有各種教派和教會在救贖市場公開競爭；親屬制度建立在自由婚配的婚姻市場之上，個人可互選婚姻對象。在社會出人頭地的不是家世顯赫，而是白手起家的人。在政治秩序中，政黨爭奪個人的選票；就連在軍事範疇，各州民兵團的招募也有相當程度的自由，而廣義來說——也是非常重要的意義——美國是全民皆兵。整合的原則——也是這個社會的基本正當性——是每一種制度秩序之中，獨立個體的升遷是由他的自由與競爭力來主導。我們就是在這個各種秩序彼此呼應的事實中，了解一個古典的自由主義社會是藉由何種方式完成統合。

但這樣的「呼應」只是其中一種類型，「秩序問題」的其中一個答案。還有其他類型的統合。例如，德國納粹是透過「協調」（co-ordination）整合的。一般模式可陳述如下：在經濟秩序內，制度被高度集中化；少數大單位差不多控制了全部的運作。政治制度則比較零碎：許多政黨互相競爭，希望能影響政府，但沒有哪個政黨強大到足以掌控經濟集中化的結果，而連同其他因素產生的其中一個結果，便是經濟衰退。納粹運動成功利用了大眾，特別是中下階層對經濟衰退的絕望，而把政治、軍事和經濟秩序綁在一起。一個政黨壟斷且改造了政治秩序、廢除或併吞了所有其他可能爭奪執政權的政黨。要做到這點，納粹黨必須在經濟秩序中結合壟斷者，在軍事秩序中結合特定菁英。在這些主要的秩序中，首先會出現相對應的權力集中，接著每一種秩序在奪取政權的過程中趨於一致、相輔相成。興登堡（Paul von Hindenburg）總統的軍隊無意捍衛威瑪共和（Weimar Republic），也無意鎮壓一個受歡迎的主戰政黨的行進部隊。大企業界願意資助納粹黨——它承諾擊垮勞工運動和其他事物。這三類菁英加入了一個平常並不穩定的聯盟，以維持本身在各自秩序中的權力，並要求社會其他秩序配合。敵對的政黨要不被鎮壓，要不被查禁，要不自動潰散。親屬和宗教制度，以及所有秩序之內和之間的所有組織，都被滲透、協調，或至少保持中立了。

極權主義政黨國家是一種工具，使這三種支配性秩序的高層藉以整合本身及其他的制度秩序。政黨國家成為全面性的「框架組織」，把目標強加在所有制度秩序之上，而非僅保證「法治」。政黨自己擴張，四處潛伏於「附隨組織」和「隸屬機構」之中。它不是拆解，就是滲透，藉此掌控所有類型的組織，包括家庭。

所有制度的符號領域都被政黨控制了。除了宗教秩序有幾許例外，不允許任何競爭勢力主張有自主性。政黨壟斷了所有正式的傳播，包括教育制度。所有符號都被重新鑄造來構成這個整編社會的正當性基礎。在一個相當程度由綿密詐騙網絡連結起來的社會結構中，廣為宣傳著嚴格階級制度底下的專制和魔力般的領導（魅力型統治）原則。[56]

但當然，那足以披露我認為顯而易見的一個觀點：沒有所謂的「鉅型理論」，沒有什麼唯一普世一致的結構讓我們據以理解社會結構的統合；對於煩人的社會秩序老問題，沒有一**體適用**的解答。要有效地研究這類問題，必須依照各種操作模型，比如我在這裡所勾勒的模型進行，而這些模型必須和一連串歷史及當代社會結構保持密切與經驗上的關係。

了解這點很重要：諸如此類的「整合模式」也可設想為歷史變遷的操作模型。例如，如果我們先後觀察托克維爾時代和二十世紀中葉的美國社會，會立刻看出十九世紀結構「團結一致」（hangs together）的方式與現今的整合模式大不相同。我們問：這個社會的每一種制度秩序是如何變遷的？那與其他每一種秩序的關係又是如何變遷？這些結構性變遷是以什麼樣的節奏和速度發生？在每一個例子中，這些變遷的必要及充分條件有哪些？當然，要找出充分原因，我們起碼需要進行一些比較研究和歷史研究。透過指出社會變遷是一種「整合模式」轉變為另一種整合模式的結果，我們可以面面俱到地概括這樣的社會變遷分析，並且更簡約地闡述一連串更大的問題。例如，上個世紀（十九世紀）的美國歷史展現出社會結構整合方面的轉變：從主要靠呼應（correspondence）來整合，轉變成以協調為主的社會結構。

歷史理論的一般問題和社會結構理論的一般問題密不可分。我認為社會科學家在實際研究時，顯然不覺得以一貫的方式來理解這兩者有什麼理論上的困難。或許這就是為什麼對社會科學來說，一本《巨獸》（*Behemoth*）[57] 抵得過二十本《社會系統》的原因。

當然，我提出這些論點不是要對秩序和變遷的問題——也就是社會結構和歷史的問題——發表決定性的聲明。我這麼做只是為了提出這些問題的梗概，指出關於這些問題已經有哪些類型的研究。或許我的論述亦有助於讓社會科學的展望更明確。當然，我在這裡提出是為了表明鉅型理論家處理社會科學一個主要問題的方式有多不適當。在《社會系統》一書中，帕森斯無法著手進行社會科學的研究，是因為他執著於這個構想：他建構的一種社會秩序的模型，是普世一致的模型；因為事實上，他盲目迷戀他的**大概念**了。這種鉅型理論強調的「系統性」使它脫離了任何具體的經驗問題。它沒有用來較精確或適切地陳述任何明顯意義重大的問題。它不會為了更清楚地觀看社會世界中的某件事物而暫時飛高一點兒，也不去解決可根據歷史事實——人類和制度在其中都是具體的存在——來陳述的問題。它的問題，它的過程，它的解決方案，都很「鉅型理論」。

撤退到針對概念的系統性研究應該只是社會科學工作的一個形式階段（formal moment）。回想這點很有用：在德國，這類形式工作的成果很快變成百科全書和歷史學的用途。這種以韋伯首開風氣的用途是古典德國傳統的顛峰。相當程度上，在促成這種傳統的一套社會學研究中，與社會有關的一般概念

56【作者注】諾伊曼（Franz Neumann），《巨獸》，這是一部針對歷史性社會的結構分析極為傑出的典範。前述請參閱葛斯和米爾斯合著之《人格與社會結構》，頁三六三。

57【譯者注】請參見注56。

和歷史的詮釋緊緊相繫。古典的馬克思主義向來是現代社會學發展的重心。韋伯，一如其他許多社會學家，許多研究都是在和馬克思的對話中發展的。但我們必須承認美國學者的健忘。在鉅型理論中，我們現在又面臨一次形式主義者的撤退，而再一次，撤退理應只是暫停的舉動似乎成了永恆。就如西班牙人所說：「很多人會洗牌，但不會玩牌。」[58]

58【作者注】顯然，可以從帕森斯文本中發掘的特殊社會觀，有較直接的意識形態用途；傳統上，這樣的觀點當然向來和保守的思維有關。鉅型理論家不常紆尊降貴進入政治的競技場；當然也不常將他們的問題帶到現代社會的政治脈絡中來探討。但當然，他們的研究不會因此排除意識形態的意義。我沒有在這個關係分析帕森斯是因為《社會系統》的政治意義非常淺顯，在適當改寫後，我覺得沒有讓它更清楚的必要。現在鉅型理論並未扮演直接的科層角色，如前文指出，它難以理解，因此它無法廣獲大眾喜愛。這當然也可能成為資產：它的晦澀難解確實賦予它雄厚的意識形態潛力。

鉅型理論的意識形態意義強烈傾向賦予穩定的統治形式正當性。但唯有在保守派團體非常需要詳盡闡述正當性的時候，鉅型理論才有機會在政治上大顯身手。我以這個問題做為這一章的開頭：鉅型理論是否如《社會系統》所呈現，只是廢話連篇，或者也很深刻？我給這個問題的答案是：它僅包含約五〇%的廢話；四〇%眾所皆知的教科書社會學。其餘一〇%，帕森斯也可能會這麼說，我願意留給你們做經驗研究。我自己的研究顯示，剩下的一〇%可能——雖然有點含糊不清——做為意識形態使用。

第三章——抽象經驗論

一如鉅型理論，抽象經驗論也緊抓著研究過程的一個關鍵點，讓它迷惑心智。兩者都退出社會科學的任務。考量方法和理論，當然是執行社會科學的任務所必需，但在這兩種研究風格（style）中，這些考量已成為阻礙：方法論禁制和對大概念的迷戀如出一轍。

一

我當然不會試著總結所有抽象經驗論的研究成果，只是要釐清這種研究風格的普遍特徵和一些假設。公認屬於這種風格的研究往往會陷入一種多少算是標準的模型。在實務上，這種新學派常和經抽樣程序選出的個人進行多少有點老套的訪談，並視為其基本「資料」（data）來源。訪談的答覆會被分類，並為方便起見寫入打孔卡，再拿來進行統計，找出彼此的相關程度。這個事實，加上資質中等的人都能輕鬆學會這個程序，無疑是它獲得青睞的主要原因。它的結果一般會以數據呈現：最簡單的層次，這些具體的結果會以比例表示；較複雜的層次，各種問題的答覆常以精巧的交叉分類結合起來，再以各種方式分散成量表。有多種複雜的方式可處理這樣的資料，但那不是我們在這裡要關心的，因為不論方法有多複雜，它們都是在操控資料的顯示方式。

除了廣告和媒體調查，以這種風格進行的研究工作，「民意」或許是最大宗的主題，雖然民意與傳播問題一再被視為一種可理解的研究範疇，但和這種風格沒什麼關係。這類研究的架構向來是簡單的問題分類：誰在哪個媒體對誰說了什麼，有什麼樣的結果？其重要用語的現行定義如下：

> 我說的「民眾的」（public）指涉及的巨量——也就是為數眾多的人持有的非私人、非個人化的感受和反應。民意的這個特徵使抽樣調查（sample surveys）成為必要。我說的「意見」（opinion）不僅包含一般的觀念，也就是對時事、短暫、通常為政治議題的意見，還包括態度、情感、價值、資訊及相關的行動。要透徹地了解意見，不僅要運用問卷和訪談，也要運用投射法和量表工具。[59]

這些主張有一個顯著的傾向：把要研究的主題和可用的研究方法混為一談。這句話可能意味著：我將使用的民眾的這個詞意指任何人數可測量的總體，因此可做為統計的樣本；既然「意見」是人持有的，要獲得意見，你就必須跟人說話。但有時候，他們不會或不能告訴你；這時你可以嘗試使用「投射法和標度法」（projective and scaling devices）。

民意的研究大都是在美國這一國的社會結構內進行，當然只關切這十年來的狀況。或許這就是為什麼這些研究並未重新定義「民意」，或重新闡述這個範疇的主要問題。在研究者所選定的歷史和結構限制內，他們沒辦法適切地做到這件事，就連初步嘗試都很難。

西方社會的「民眾的」問題起源於中世紀社會對傳統、習俗的共識（consensus）發生轉變，而在大眾社會（mass society）的觀念中達到現今的顛峰。十八、十九世紀所稱的「民眾」（publics）正被轉變為「大眾」（masses）社會。而且，因為大部分的人都變成「大眾人」（mass man），個個被無能為力的處境困住，民眾在社會結構上的意義便逐漸式微。諸如此類的情況或許暗示了我們在選擇及設計關於民眾、民意和大眾傳播的研究時所需要的架構。我們也需要完整敘述民主社會的歷史發展階段，特別是被稱為「民主極權主義」（democratic totalitarianism）或「極權主義民主」（totalitarian democracy）的社會。簡單地說，在這個範疇，我們不能以現今實踐的抽象經驗論的眼界和用語來陳述社會科學的各種問題。

沒有做一些結構性的設定，抽象經驗論的實踐者試圖解決的許多問題——例如大眾媒體的效應——就無法適當地陳述。不論有多精確，如果有人只研究已被大眾媒體薰陶將近一個世代的人口，他怎能期盼了解這種媒體的效應？——更別說總結的效應對大眾社會的發展有何意義了。將較少接觸某種媒體的人排除在「較常接觸」媒體的人之外，可能非常符合廣告主的興趣，但若要發展一套大眾媒體在社會意義方面的理論，這就不是理想的基礎了。

59【作者注】伯爾森（Bernard Berelson），〈民意研究〉（The Study of Public Opinion），收錄於懷特（Leonard D. White）編輯之《社會科學現況》（*The State of the Social Sciences*），頁二九九。

在這種學派的政治生活研究中，「投票行為」（voting behavior）向來是首選的主題，我想這是因為那非常容易修正成符合統計調查需要的資料。其結果之貧乏唯有其方法之精巧和過程之謹慎可以彌補。對政治學家來說，檢視一份號稱全面，卻沒提到「動員投票」（get out the vote）的政黨機器或任何政治制度的投票研究，必定非常有興趣。但這就是《人民的選擇》（*The Peoples' Choice*）發生的事——這是一份針對一九四〇年俄亥俄州伊利郡的選舉情況所做，獲得推崇的名著。從這本書，我們得知富人、農人和新教徒傾向投票給共和黨；相反類型的選民則傾向投給民主黨等等。但我們對美國政治的動態知之甚少。

正當性的概念是政治學的主要觀念之一，尤其這門學科的問題還涉及輿論和意識形態。關於有人懷疑美國選舉政治是一種沒有意見的政治（如果你認真看待「意見」一詞），是一種不具有能反映心理學上深刻的政治意義的投票（如果你認真看待「政治意義」〔political meaning〕一詞），對「政治意見」（political opinion）的研究又更古怪了。但沒有人能針對類似這樣的「政治研究」提出問題——我只打算把這些言論當成問題。要怎麼提出呢？那需要歷史知識和心理學的反思，而抽象經驗論者不一定有這種能力，說穿了，多數抽象經驗論的實踐者並不具備這種能力。

過去二十年最重要的大事或許是二次世界大戰；二次大戰對歷史和心理的影響建構了過去十年我們的研究主題。我覺得至今我們尚未對戰爭成因提出定論，是很奇怪的事，但另一方面，我們仍試著將二次大戰描繪成一種史上特殊的戰爭形式，並將它定位為我們這個時代的樞紐。除了官方的戰爭史，對二戰最詳盡的研究，或許是歷時數年、在史托福（Samuel Stouffer）[60]指導下進行對美國陸軍的探究。在我看來，這些研究證實社會研究是有可能在不涉及社會科學的問題下為行政當局所用。其結果當然會令任何想了解參戰美國軍人的人大失所望——尤其是提出這個問題的人：「士氣這麼低落」的士兵怎麼可能贏得那麼多戰役？但若試圖回答這樣的問題，就會使我們脫離獲得認可的風格，進入脆弱的「推測」範疇。

瓦格茨（Alfred Vagts）[61]的一冊《軍事思想史》（*History of Militarism*）及馬歇爾（S. L. A. Marshall）[62]在著作《戰火下的男人》（*Men Under Fire*）中所用親臨戰場的傑出報導技巧，實際價值高於史托福的四鉅冊。

到目前為止，以這種新風格所做的階層研究，尚未有新的觀念。事實上，借自其他研究風格的主要觀念也還沒有經過「翻譯」；通常，相當鬆散的「社經地位指標」已經足夠。「階級意識」（class consciousness）和「假意識」（false consciousness）的難題、地位（status）與階級對照的難題，以及韋伯

60【譯者注】史托福為當代美國社會學家，致力研發調查研究的技術。
61【譯者注】瓦格茨（一八九二－一九八六）為德國詩人及史學家。
62【譯者注】馬歇爾（一九〇〇－一九七七）為美國史學家，並曾於二次世界大戰和韓戰期間擔任美國陸軍參謀長。著有約三十部關於戰爭的書籍。

在統計學上極具挑戰性的「社會階級」（social class）概念，都尚未被這種風格的研究人員提出。尤有甚者，在許多方面更可悲的是，他們仍強烈堅持以選擇較小城市（smaller cities）做為研究的「樣本區」（sample area），顯然他們將這種研究的數量累積起來，也不等於對階級、地位和權力的全國性結構的看法。

在討論輿論研究的變化時，伯爾森（Bernard Berelson）[63]說過一段話，我相信適用於多數以抽象經驗論方法進行的研究：

> 綜合來看，這些差異〔二十五年前與今天相比〕造就了民意研究領域的一項革命性變遷：這個領域已變得技術性、量化、非理論性、零散化、特殊化、專門化及制度化、「現代化」及「群體化」——簡單來說，做為一種典型的行為科學，它變得美國化了。二十五年前，以及更早以前，傑出作家普遍關切社會的本質與運作，以其淵博的學問研究民意——不是為了理解民意「本身」，而是基於廣大的歷史、理論和哲學角度——撰寫論文。今天，改由技術團隊針對特定主題進行研究，再發表成果。二十年前，民意研究隸屬於學問（Scholarship）。今天，它成了科學的一員。[64]

這一小段文字試著描繪抽象經驗論風格的特色，而我引用這段話不只是要說：「這些人並未研究我所關注的實質問題」，或「他們並未研究多數社會科學家認為重要的問題」。我要表明的是：

他們固然研究了抽象經驗論的問題，但說也奇怪，他們故步自封，問題和答覆都受到他們自以為義的認識論（epistomology）所限。而我認為我的措辭並不輕率：他們被方法論禁制（the methodological inhibition）迷惑了。方法論禁制就結果來看，上述種種意味著這些研究在累積細節時，並未充分關注形式（form）；事實上，除了排字和裝訂工人提供的形式，它們通常沒有任何形式可言。再多的細節也無法說服我們相信任何值得確信的事。

二

做為一種社會科學的風格，抽象經驗論的特色不是具有實質意義的命題或理論。它並非以任何關乎社會或人類本質的新看法為基礎，也非基於和社會或人類本質有關的特定事實。的確，透過實踐者一般選擇研究的問題典型，以及典型的研究方法，可以辨識出抽象經驗論來。但這些研究當然沒道理讓這種社會研究風格受到那麼大的頌揚。

不過，這個學派實質成果的特色本身，尚不足以做為評斷它的基礎。它仍是一種新的學派，一種尚需要時間發展的方法；而就研究風格來說，它才剛開始拓展到較完整的「問題領域」範圍。

抽象經驗論最顯而易見的特徵——但未必是最重要的特徵——和它已經利用的行政機關和已經招

63【譯者注】伯爾森（一九一二－一九七九）為美國社會科學家，認為社會科學領域包括公眾輿論。

64【作者注】同注59，頁三〇四－五。

募、訓練的學術工作者有關。行政機關的規模已相當龐大，而很多跡象顯示它還會變得更普遍、更有影響力。較平常的教授及學者，現在要和學術行政人員和研究技術人員——都是新類型的專業人士——競爭了。

但同樣地，這種種發展儘管對未來大學的特徵、對博雅教育的傳統，以及可能會在美國學術界占優勢的心智特質極為重要，仍不足以構成評斷這種社會研究風格的基礎。在解釋這種風格的吸引力及聲望時，這些發展確實超出了許多抽象經驗論的擁護者可以承認的程度。起碼，它們以前所未知的方式，為半熟練的技術人員提供大規模的就業機會；供給他們一如以往的學術生活保障，卻不需要過去那種個人成就的職涯。總之，這種研究風格伴隨著行政的「德謬哥」（demiurge），[65]對社會研究的未來，以及社會研究可能的科層化關係重大。

但我們務須理解抽象經驗論在知識方面的這些特徵：它的實踐者秉持什麼樣的科學哲學、有多堅持，又如何使用。正是這種哲學構成它所進行實質研究的風格，以及其行政與人事機構的基礎。抽象經驗論的實際研究之貧乏，以及對行政機構的依賴，都在這種特殊的科學哲學中找到了學術上的正當性。

澄清這一點很重要，因為會有人以為，在塑造一種如此強調自己是科學的行業時，哲學信條並未扮演要角。這很重要，也是因為這種風格的實踐者似乎通常沒有意識到，他們的立足點正是這種哲學。或許熟識那些風格實踐者的人都不會想要否認，他們之中有很多人滿腦子只有自己的科學地位；他們最珍愛的專業形象是自然科學家。在辯論社會科學的諸多哲學性議題時，他們始終不變地自稱**是**「自然科學家」，或至少「代表自然科學的觀點」。在較複雜的討論中，或在某些笑容可掬、地位崇高的物理學家面前，這種自我形象甚至可能被簡化為「科學家」。[66]

實務上，抽象經驗論者似乎往往更在意科學哲學勝過社會研究本身。簡單地說，他們的作為是信奉一種他們現在認定為**唯一科學方法**（The Scientific Method）的科學哲學。這種研究模式大抵上是一種認識論的建構；在社會科學中，它最具決定性的結果是某種方法論禁制。方法論禁制的意思是，被選擇的問題類型，以及問題形成的方式，都受到**唯一科學方法**十分嚴格的限制。簡言之，方法論似乎決定了問題。而這下場可以預見。這裡提出的唯一科學方法並非出自一般正確歸類為古典社會科學研究的推論方式，亦非其普遍化。它主要借用自一種自然科學的哲學，並經過權宜的修正。

社會科學的哲學大致包含兩種作為：（一）哲學家可能試著檢視社會研究的實際過程，予以普遍化，並使看來最有希望的研究步驟前後一貫。這是頗棘手的任務，很容易變成胡說八道，但如果每一位現任社會科學家都這麼做，就會簡單多了，而某種意義上，人人都須一試。到目前為止，這種做法太少，且僅應用於特定幾種方法。（二）我稱之抽象經驗論的社會研究似乎常努力重述及採用**自然**科學的

65【譯者注】德謬哥又稱巨匠造物主，是柏拉圖哲學中負責創造、維持物質世界的存在。

66【作者注】手邊剛好有這個例子。倫伯格在討論各種哲學議題，特別是「精神」現象的本質，以及他對哲學議題的看法，與認識論的問題上有何關聯時說道：「因為『學派』一詞的定義不明，特別是因為『實證主義』一詞在許多心智有各種奇妙的聯想，我一直偏愛把我的觀點描述成**自然科學**的觀點，而非嘗試拿任何傳統哲學的學派加以鑑定，在傳統哲學，最晚自孔德以後，實證主義也是一種學派。」然後：「杜德與我，我相信，一如所有其他自然科學家，確實按照這個假定行事：透過人類感官的媒介，經驗科學的資料包含象徵性的反應（意即我們所有的反應，包括『感覺器官』的反應）。」然後：「一如所有自然科學家，我們當然摒棄這個觀念……」〈社會學中的自然科學趨勢〉（The Natural Science Trend in Sociology），收錄於《美國社會學刊》（*The American Journal of Sociology*），第六十一卷第三號，一九五五年十一月，頁一九一、一九二。

哲學，例如為社會科學的研究建構計畫和準則。

方法（method）是人們為了試著理解或解釋某件事物所用的程序。方法論是方法的研究；它提供說明人在進行他們的研究時做了哪些事情的理論。既然方法不一而足，方法論必然具備普遍化的特性，因此通常不會為從事研究的人提供明確的程序。認識論比方法論更籠統，因為它的實踐者關心的只有「知識」的範圍和限制——簡言之，知識的特色。當代認識論者傾向從他們相信是現代物理學的方法中找暗示。傾向根據他們對這種科學的理解提出和回答關於知識的一般問題，他們儼然成了物理哲學家。有些自然科學家似乎對這種哲學工作感興趣，有些似乎只覺得好玩；有些自然科學家贊同多數哲學家接受的現有模式，有些則不然——而可疑的是，許多自然科學家對這種科學哲學根本一無所知。

據他們所說，物理學已經達到這樣的狀態：嚴格、精確的實驗問題可以從嚴格的數學理論衍生出來。它尚未達到這樣的狀態，因為認識論者在他們建構的研究模式中提出這樣的交互作用。交互作用次序似乎是倒過來的：科學的認識論寄生於物理學家，包括理論與實驗物理學家所用的方法。

諾貝爾物理學獎得主庫施（Polykarp Kusch）[67]曾宣稱沒有所謂的「科學方法」，而被喚這個名字的東西只能拿來概述非常簡單的問題。另一位獲頒諾貝爾獎的物理學家布里吉曼（Percy Bridgman）[68]進一步說：「沒有所謂的科學方法，科學家常規最重要的特色就是把他的心智用到極限，**毫無保留**。」貝克（William S. Beck）[69]說：「發現的機制尚不得而知……我認為創造的過程與個人的情感結構息息相關……以至於……是個難以歸納的主題。」[70]

三

方法的專家往往也是某種社會哲學的專家。他們在今日社會學的重要性不在於他們是專家，而在於他們的專業促進了社會科學整體的專業化。他們也促使社會科學更受到方法論禁制，促使社會科學配合或許能體現方法論禁制的研究機構。他們提出的不是依據可理解的研究領域或社會結構問題的看法來進行論題專業化的方案。這是一種不考慮內容、問題或領域，僅以**唯一方法**（The Method）的運用為基礎的專業化。上述這些不是零星的印象；這些是有紀錄在案的。

關於抽象經驗論這種研究方式，以及其實踐者應當在社會科學扮演何種角色，最明確、最直接的敘述非拉札斯菲爾德莫屬，他也是這個學派閱歷豐富的發言人之一。[71]

拉札斯菲爾德將「社會學」定義成一種專業，不是因為**它**獨有的方法，而是因為它具有方法論的專業。由他看來，社會學家便成了所有社會科學的方法論專家。

67【譯者注】庫施（一九一一—一九九三）是德裔美國物理學家，一九五五年獲頒諾貝爾物理學獎。

68【譯者注】布里吉曼（一八八二—一九六一）為美國物理學家，一九四六年獲頒諾貝爾物理學獎。

69【譯者注】貝克（一八六八—一九四一）為美國物理學家。

70【作者注】貝克，《現代科學與人生本質》（*Modern Science and the Nature of Life*）。

71【作者注】〈何謂社會學？〉（What Is Sociology?），奧斯陸大學學生辦公室，一九四八年九月。這篇論文是為一群冀求通用指南來設置研究機構的人士撰寫。因此，它最適合我現在的目的：簡潔、清楚又具權威性。在拉札斯菲爾德和羅森堡（Morris Rosenberg）合編之《社會研究的語言》（*The Language of Social Research*）一書中，當然也找得到詳盡、優雅的敘述。

「我們可以非常明白地說，這便是社會學家的首要職責。每當有人類事務的新面向將成為經驗科學研究的對象，他就好比社會科學家大軍行進中的**探路者**。是社會學家踏出第一步。他宛如橋梁連結兩端，一端是社會哲學家、個別觀察者和評論者，另一端是經驗調查員和分析家團隊的研究……於是，就歷史而言，我們必須區分三種主要觀察社會主題的方式：個別觀察者實行社會分析；有系統、成熟的經驗科學；以及一個過渡階段，我們稱之為社會行為特殊領域的社會學……若能在此加入一些註釋，說明從社會哲學轉型為經驗社會學之際所發生的事，應頗有助益。」[72]

請注意，「個別觀察者」在此奇怪地等同於「社會哲學家」。也請注意，這段敘述不只是學術綱領，也是一項行政計畫：「人類行為的特定領域已成為有組織的社會科學的研究項目：那些組織有名字、有機構、有預算、有資料、有人員等等。其他領域在這方面仍無發展。」任何領域都可以發展或「社會學化」（sociologized）。例如：「事實上，關心百姓幸不幸福的社會科學，我們甚至還沒有名字。但沒有任何事物會阻礙這種科學發展。蒐集幸福評分的資料，不會比蒐集所得、儲蓄和物價的資料更困難，甚至不會比較花錢。」

因此，社會學就像一系列專業化「社會科學」的助產士，處在尚未成為**唯一方法**研究對象的論題領域和「充分發展的社會科學」之間，我們不太清楚「充分發展的社會科學」是什麼，但似乎只有人口學（demography）和經濟學符合資格：「再也沒有人懷疑，以科學方法處理人類事務是必要且可能的。一百多年來，我們已充分發展像經濟學和人口學這種處理人類行為不同層面的科學。」我在這篇文章的二十頁裡找不到其他地方標明「成熟社會科學」的規格。

當社會學被賦予將哲學轉換成科學的任務時，其中含有這樣的假設或暗示：**唯一方法**得天獨厚，不需要該領域的傳統學術知識就能轉換。建立這樣的知識所需的時間，當然比這句話暗示的多一些。箇中含義或許可用這段對政治學的偶然評論闡明：「……古希臘人有政治的科學，日耳曼人說**國家學**（Staatslehr），盎格魯薩克遜人則說政治科學（political science）。但還沒有人做過完善的內容分析，讓人真正了解這個領域的書籍到底在講什麼。」[73]

於是，這邊是有系統、成熟的經驗社會科學家團隊；那邊是無組織的個別社會哲學家。一如方法論學者，社會學家將後者轉變成前者。簡單地說，他是創造科學的人，兼顧學術，或曰**科學**，與行政人員的雙重身分。

「這種轉變〔從『社會哲學』和『個別觀察者』轉變成『有系統、成熟的經驗科學』〕在相關學者的研究中通常會出現四次轉折。」

（一）「首先是從強調制度和觀念的歷史，轉而強調人們的具體行為。」這沒有那麼簡單；如我們將在第六章所見，抽象經驗論不是日常的經驗論。「人們的具體行為」不是它的研究單位。稍後我將證

72【作者注】同上，頁四—五。

73【作者注】同上，頁五。「一組資料的內容分析基本上包含依據某組先驗的類別將小單位的文件（詞語、句子、主旨）加以分類。」羅西（Peter H. Rossi），〈一九四五—五五社會研究方法〉（Methods of Social Research, 1945-55），收錄於澤特伯格（Hans L. Zetterberg）編輯之《美國的社會學》（*Sociology in the United States of America*），頁三三。

明，實際上與此有關的選擇常暴露出一種稱為「心理學中心論」（psychologism）的明顯傾向，且一再避免結構問題而鍾愛環境問題。

（二）「再來，」拉札斯菲爾德繼續說：「是不單獨研究人類事務的一個層面，而與其他層面聯繫的傾向。」我不覺得這是真確的；只需要將馬克思、史賓賽或韋伯的作品，和抽象經驗論者的作品做個比較便一目了然。但這句話可能的意義取決於「聯繫」（relate）的特殊意義；那僅限統計學使用。

（三）「第三個轉折是偏愛研究反覆發生的社會情勢及問題，而非只發生一次的問題。」這或許被認為是趨向結構性思考的嘗試，因為社會生活的「反覆」或「規律」當然立基於既定的結構。例如，這就是為什麼要了解美國選舉，必須先了解其政黨結構，以及政黨在經濟內扮演的角色等等。但這不是拉札斯菲爾德的意思；他的意思是選舉需要很多人進行類似的行動，而選舉會一再發生：因此個人的投票行為可進行統計研究、研究、再研究。

（四）「最後是強調當代勝過歷史上的社會事件」。這種去歷史的強調是認識論的偏好使然：「……因此社會學家會傾向主要處理當前的事件，因為從中他可能獲得他需要的那種資料。」這種對認識論的偏愛，與社會科學中將建構實質問題做為研究定位點的方式南轅北轍。[74]

在進一步思考這些論點之前，我必須完成我對這種社會學敘述的報告，而拉札斯菲爾德認為社會學還有兩項任務：

……社會學研究包含將科學程序應用在新的領域。這些「拉札斯菲爾德的觀察心得」只是設計來大略描繪在從社學哲學轉變成經驗社會研究的過渡期，可能盛行什麼樣的氣氛……當一位社會學家開始研究人類事務的新層面時，他必須親自蒐集他想要的資料……社會學家發展的第二種主要功能，正是與這種情境有關。此刻他堪稱其他社會科學的**工具製造者**（toolmaker）。容我提醒你社會科學家在蒐集自己的資料時會碰到的一些問題。他往往必須問人們做了什麼、看到什麼，或想要什麼。要人們回想這些並不容易；他們也可能不願意告訴我們，或不真的了解我們想知道什麼。重要且困難的採訪藝術於焉發展……

……但從歷史來看，〔社會學家〕還有第三種功能：**詮釋者**（interpreter）……區分社會關係的描述和詮釋是有幫助的。在詮釋的層級，我們主要用日常語言所用的「為什麼」一詞來問。為什麼現在人們生的小孩比以前少？為什麼他們傾向從鄉下搬到城市？選舉為什麼會得勝或失利？……這些設法獲得解釋的基本技巧屬於統計學範疇。我們必須比較孩子多的人家和孩子少的人家；我們必須比較常失業的工人和工作穩定的工人。但我們該比較他們的**什麼東西**呢？[75]

社會學家似乎突然變得跟百科全書一樣：社會科學的每個分支都包含詮釋和理論，但這裡我們被告知，「詮釋」和「理論」是社會學家的地盤。當我們了解，其他科別的詮釋都還不夠科學，這句話的意思就清楚了。社會學家在將哲學轉化成科學時進行的那種「詮釋」（interpretation），是在統計學調

74【作者注】這幾段所有引言都來自拉札斯菲爾德同一部著作，頁五—六。
75【作者注】同上，頁七—八、一二—一三。

查中相當有用的「解釋變數」（interpretive variable）。另外，也請注意在下面這段接續上面的引文中，將社會學的現實化約為心理學變數的傾向：「我們必須假設在人們的性格、經驗和態度中有某樣東西讓他們在外人看來同樣的情境中有不同的行為模式。我們需要的是可經由經驗研究檢驗的說明性觀念和構想……」

「社會理論」整體成為這類概念的系統性集合，也就是在詮釋統計學發現時可派上用場的變數：

> 我們確實稱這些概念為社會學，**因為**它們可應用在各式各樣的社會行為……我們派給社會學家蒐集、分析這些概念的任務，這可用於詮釋特定領域的經驗結果，例如物價、犯罪、自殺或投票統計的分析。有時社會理論這個術語會被用來系統性地展現這些概念和它們的相互關係。76

必須順帶一提的是，我們完全不清楚，上面這段陳述能否做為理論來闡述社會學家在歷史上確實扮演的角色，或只是建議社會學家該做為類似助產士的技術專家，以及一切事物的詮釋的守門員——就前者而言，這段陳述當然不夠充分；就後者而言，任何社會學家當然都可以本身的實質問題為重而予以拒絕。但這一段到底是事實還是告誡，是陳述還是綱領呢？

也許它是對技術哲學的宣傳，對行政能力的崇拜，只是偽裝成科學自然史罷了。

這種把安然待在研究機構中的社會學家視為科學創造者、工具製造者和詮釋守門員的觀念——以及整體的作品風格，這是就我所知最清楚的陳述——涉及幾個問題，現在我要更有條理地探討。

四

目前對於抽象經驗論有兩種流行的辯解，如果接受，就代表它之所以結果貧乏，主因不在這種**唯一方法**固有的特色，而在「偶然性質」，即金錢和時間的因素。

首先有人說，由於這樣的研究通常所費不貲，故而都得顧及出資者的利益問題，而出資者各有各的問題。因此，研究人員沒辦法以真正能累積成果的方式選擇問題——也就是以更有意義的方式累積。他們已經盡力了；他們就是無法關注一系列實質問題而產生成效，所以他們必須專門研發一套就算沒有實質問題也可以運作的方法。

簡單地說，真理的經濟——研究成本——似乎與真理的政治——用研究來釐清重大議題，並讓政治爭議更貼近現實——相衝突。結論是，要是社會研究機構擁有比如說全國科學總經費的二五%，而且那些錢可以自由運用，情況就會好得多。我必須承認，我不知道這算不算合理的期待。任何人都不知道，雖然我們之中那些坦然放棄社會科學的研究、致力於升遷的學術行政知識分子，必定抱持這樣的信念。但若視此為**議題本身**，就會貶低學術批評的重要性。此外有件事明確無疑：因為這種**唯一方法**很貴，它的實踐者常涉入研究在商業和科層方面的出路，而這確實會影響他們的風格。

其次，可能也有人認為批評者只是沒有耐心，而我了解有關「科學的準備工作」冠冕堂皇的討論，已經進行了好幾百年，而非幾十年。或許可以說，「水到渠成」，這樣的研究終將累積到一定程度而可

76【作者注】同上，頁一七。

以從中歸納出對社會意義重大的結果。在我看來，這種正當性將社會科學的發展看成一種奇怪的堆積木遊戲。它假設像這樣的研究本質上能夠做為「單位」，可在未來某個時間點「堆積」或「嵌合」來「建構」某種可靠、獲得驗證的整體圖像。那不僅是假設，還是明確的政策。「經驗科學，」拉札斯菲爾德斷言：「必須研究具體的問題，再藉由將許多瑣細、周延、耗時的調查來集結出更廣泛的知識。若有更多學生轉向社會科學，當然是件值得嚮往的事。但不是因為這能在一夕之間拯救世界；而是因為這多少能促進整合社會科學這項艱難的任務，有助於我們理解和掌握社會事務。」[77]

暫且忽視其政治上的曖昧，他建議的方案將研究限縮在「瑣細」的調查，認定調查結果可以「集合起來」，而這將是「整合性的社會科學」。要解釋這為什麼是不適當的觀點，我必須超脫使這些研究人員何以成果貧乏的外來因素，轉而探討其風格和方案內在的原因。

我的第一個論點著眼於理論與研究之間的關係，也涉及社會科學家應當採取將較廣泛的觀念和需要詳盡闡述的領域排出優先次序的策略。

當然，所有社會科學的學派都有大量評論在探討只有經驗資料而缺乏理論之盲目，與只有理論而缺乏資料之空洞。但正如我在這裡試著要做的，較明智的做法是檢視實踐與成果，而非以哲學來裝飾。在例如拉札斯菲爾德這種比較直率的陳述中，「理論」和「經驗資料」的運作概念相當平庸：「理論」成了用來詮釋統計發現的變數；「經驗資料」——他強力推薦並且相當明白實踐的——受限於大量、可重複、可測量等統計學決定的事實和關係。既然理論和資料雙雙受限，針對兩者交互作用所做的善意評論，似乎都縮水成吝嗇的感謝狀，甚至什麼都沒有感謝。如我已經指出的，沒有哲學上的根據，當然也沒有社會科學研究上的根據，可以限制這兩個名詞。

要檢驗和重新塑造一種寬廣的概念，必須有詳盡的闡釋，但詳盡的闡釋不見得能集合起來建構寬廣的概念。該怎麼挑選詳盡的闡釋呢？挑選的標準為何？「集合起來」又是什麼意思？這項任務不像這個輕描淡寫的詞語看來那樣能自動完成。我們談的是較寬廣的概念和詳盡資訊的交互作用（即理論和研究），但我們也必須談到問題。社會科學的問題，是根據通常涉及社會歷史結構的概念來陳述。若我們看重這樣的問題，那麼只要先進行小範圍的詳盡研究，不管結果如何，在我們有足夠理由相信那有助於我們解決或釐清具有結構意義的問題的推論之前，從事研究是很蠢的。如果我們採取的視角是把所有問題看作對零散資訊的零散要求（包括統計學與非統計學上有關零散個人和其零散情境的資訊），那我們就不是在「翻譯」這些重要的結構問題了。

就觀念而言，你從真正細部的研究中得到的觀念，很少比你投入的多。你從這類經驗研究中得到的是資訊，而你可以拿那些資訊做什麼，主要取決於你在研究過程中，是否挑選了特定經驗研究做為更大結構的檢核點。當科學製造者著手將社會哲學轉變成經驗科學，並設立研究機構讓其容身，便產出了大量研究。事實上，完全沒有原則或理論引導研究主題之挑選。如前文所述，「幸福」可以是一個主題，行銷行為也是一個。他們就是認為，只要使用**唯一方法**，將這些研究做為結果——來自紐約州埃爾邁拉（Elmira）和克羅埃西亞薩格勒布（Zagreb）和上海各地的零星研究——最終必能累積成一種「成熟、

77【作者注】同上，頁二〇。

有系統」的人類和社會科學。同時，慣例是繼續進行下一項研究。

在主張這些研究可能無法「累積」成較有意義的結果時，我考慮了抽象經驗論實際傾向的社會理論。任何風格的經驗論都涉及一個形而上的選擇——什麼是最真實的東西——而現在我們必須了解這種風格需要什麼樣的選擇。我相信，有個頗有說服力的案例或可拿來主張，這些研究往往是俗稱心理學中心論的例子。[78]這個論點或許是以這個事實為基礎：基本的資訊來源是個人的樣本。在這些研究中提出的問題，是根據個人的心理反應來表述。因此，這些研究需要先假設：若以這種方式研究社會的制度性結構，可透過這類關於個人的資料加以理解。

要了解結構問題，以及結構問題對小至個人行為的解釋意義，需要一種更廣泛的經驗論。例如，就連美國社會的結構——特別是某個時期的某個美國城鎮，這通常是「樣本區」——也有非常多社會與心理上的公分母，使社會科學家根本無法找出他們必須納入考量的種種行為。行為的多樣性，以及藉此形成問題，唯有在我們開拓視野，納入比較社會結構與歷史社會結構時才能獲得。但受到認識論教條的束縛，抽象經驗論者會全然迴避歷史、避免做比較分析：他們處理小規模的範圍，且心向心理學中心論。無論在界定問題或解釋本身的微觀發現時，他們都不會實際運用歷史社會結構的基本觀念。

就連情境的研究，也不能期望這樣的調查會有什麼深刻的見解。按照定義，以及我們研究的基礎，我們知道許多情境改變的原因，常是特定情境中的民眾（受訪者）所不知道的，而這些改變只能透過結構性轉變來了解。這種全視角的觀點，當然和心理學中心論截然相反。就我們的方法而言，它的含義似乎清楚又簡單：在選擇針對哪個情境進行詳盡研究時，應該要配合具有結構性意義的問題。在情境裡獨立出來觀察的「變數」類別，應該要是我們在檢視結構時判定為重要者。情境的研究和結構的研究當然應該要有雙向互動。社會科學的發展不能被看待成一群散布各地的婦女，每個人編織一條大被子的一部分：那一小件的作品不管定義得有多精確，都不能從外面機械式地連接起來。

但在抽象經驗論的實踐中，「蒐集資料」，然後用多少標準化的統計分析處理——通常是半熟練的分析者執行。然後再聘請一或多位社會學家「進行名副其實的分析」。而這便帶出我下一個論點。

近來在抽象經驗論者中出現一股趨勢：拿一、兩章做經驗研究的開場白，在其中概述「相關文獻」。這當然是好現象，我想在某方面也是在回應來自既有社會學科的批評。但在實務上這種研究太常是在蒐集和「描寫」後做成。另外，因為這需要大量的時間和耐心，在忙碌的研究機構，它通常交給忙碌的助理來做。之後再改寫助理製作的備忘錄以便拿「理論」環繞經驗資料、「賦予其意義」或——常有人這麼說——「從裡面汲取好故事。」或許聊勝於無吧。但這確實常誤導外人，使外人倉促認定這項經驗研究真的經過挑選、設計和執行，真的以經驗資料檢驗更廣泛的概念和假設。

我不認為以經驗資料檢驗更廣泛的概念和假設，是現在的慣例。事實上，那可能只有在嚴肅看待社

78【作者注】「心理學中心論」指嘗試依據關於個人性格的相關事實或理論來解釋社會現象。從古至今，做為一種學說時，它仰賴明確、形而上地否認社會結構的現實。其他時候，其擁護者可能會提出一種將它化約為——就解釋而言——一組情境的結構觀念。以更廣泛也較切合我們對目前社會科學的關注的角度來看，心理學中心論仰賴這個概念：如果我們研究一連串個人和個人的情境，我們研究的結果可透過某種方式加總成社會結構的知識。

科「文獻」的人士——按照它本身的價值，並花夠久的時間理解它包含的觀念、理論及問題——手中，才會成為常態。唯有如此我們才可以想像，在不放棄問題與概念之下，問題與概念的意義可以翻譯成更具體、更明確、範圍更小的問題，經得起**唯一方法**檢驗。當然，所有現任社會科學家都在做這樣的翻譯工作，只是他們不會把「經驗」一詞局限在有關當代個人的抽象統計資訊，或把「理論」局限於一大堆「解釋變數」。

抽象經驗論用了有趣的把戲。從一種邏輯立場加以分析時，那一類的研究透露，用來詮釋和解釋「資料」的「有趣概念」幾乎都是指：（一）高於採訪使用層次的結構性和歷史「因素」；（二）採訪者未觸及的更深層心理「因素」。但重點是，研究者在闡述研究和蒐集「資料」時，一般不會使用結構性，或者有心理深度等概念。這些條件可能約略指出某個方向，但並非這種研究風格所認可的明確、「乾淨」的變數。

造成這種情況的主因似乎顯而易見：實務上，多少有點照本宣科的訪談——資訊的基本來源——通常需要一種奇妙的社會行為主義（social behaviorism）。基於研究的行政和財務現實，這幾乎無可避免。畢竟，這不是很明顯嗎？——頂多半熟練的採訪者無法（其實不論熟練與否，沒有人可以）在二十分鐘甚至為時一整天的訪談中，獲得我們知道要靠技巧最高明的長期訪談才能得到的那種深度的資料。[79]透過一般的抽樣調查，我們也不可能獲得關於結構的資料，我們知道要靠適當地以歷史為導向的研究才能獲得。

但結構和深層心理學的概念，卻常被扯進抽象經驗風格的研究中。研究者權宜性地訴諸一般性的概念來解釋特定的觀察。為了一項「書面」研究「從頭到尾」闡述結構或心理的問題，他們只好用一般性的概念。

在某些研究工坊，較廣泛的前提有說服力的「解釋」了細部事實或關係時，有時會用上「聰明」（bright）一詞。當瑣細的變數意義得到延伸、用來解釋大問題時，成果或許稱得上「機靈」（cute）。我提到這點是為了指出，有一種「行話」正逐漸興起，來涵蓋我所描述的程序。

這一切相當於用統計來闡述一般性的論點，而用一般性的論點來闡述統計。一般性的論點既未經驗證，也不夠明確。它們附會數據，一如數據的安排是為了配合它們。一般性的論點和解釋也可以附會其他數據；同樣的數據也可以和其他一般性的論點一塊兒出現。由於採用抽象的風格，這樣的研究早已排除了結構、歷史和心理意義，卻又靠著這些邏輯的把戲，在表面增添這些意義。以前文所指出的方式和其他手段，它們可能忠於**唯一方法**，卻試著掩蓋其成果的淺薄瑣碎。

我們通常可以在章節的頭幾段、在「總論」，有時也在「解釋性」的章節或「銜接」的段落中讀到這種程序的例子。我在這裡的目的不可能是詳盡檢視特定的研究；我只是想提醒讀者，讓讀者能以更敏銳的眼光親自檢視研究。

我的論點很簡單：任何類型的社會研究都是由觀念推進；唯有事實能加以約束。「為什麼民眾會這樣投票」的抽象經驗論的調查如此，史學家對十九世紀俄羅斯知識分子地位與前途的解釋也是如此。前

79【作者注】我必須附帶一提的是，這些塞滿事實的研究之所以如此貧乏甚至空洞，一個原因是它們幾乎沒有研究負責人的第一手觀察。「經驗事實」是由一群科層組織的半熟練技術人員所蒐集的事實。眾人已經忘記，社會觀察需要精湛的技術和敏銳的感受力；發現往往是發生在具有想像力的心智探究社會現實的時候。

者的儀式通常比較精細，當然也比較自命不凡。但結果的邏輯地位並無高下。

最後，對於抽象經驗論的結果為什麼常常如此貧乏，有一種解釋可能最適合化為一個問題提出：真實但不重要的東西，和重要但不見得真實的事物之間，一定得對立嗎？更好的問法是：社會科學中的研究者應當願意接受哪種層次的驗證？我們當然可以要求非常精確，最終勢必只會得到巨細靡遺的闡述；也可以非常不精確，最終只會得到冠冕堂皇的概念。

那些受控於方法論禁制的人，往往不肯對現代社會的任何事物發表意見，除非那已經通過**統計儀式**（The Statistical Ritual）的小工坊治鍊。很多人說他們研究的東西即使無足輕重，也是真實的。我不同意；我愈來愈懷疑那有多真實。我懷疑在這裡，精確性，甚至虛假的精確性，跟「真實」有多少混淆；抽象經驗論被當作研究唯一「經驗性」方式的情況又有多嚴重。如果你曾花上一、兩年的時間認真研究過數千小時的訪談，謹慎編碼和打孔，便能明白「事實」範疇的可塑性可能有多高。另外，說到「重要性」，這點當然重要：我們之中有些活力最充沛的心智，因為他們固執恪守的**唯一方法**不允許他們研究其他事物，而在研究細節上耗盡心力。現在我相信許多諸如此類的研究已變得墨守成規——這碰巧已博得商業和基金會的青睞——而非，套用其代言人的話：「遵奉科學的嚴格要求」。

精確不是選擇方法的唯一標準；精確當然不該像現在常見的，和「經驗」或「真實」混為一談。在研究我們關心的問題時，我們應該盡可能精確。但沒有任何方法該被拿來限定我們著手研究的問題，就算只是因為最有趣、最棘手的**方法**議題通常是從既有技術不適用的地方開始。

如果我們明白源於歷史的真正問題，於事實和重要性的問題便不言而喻：我們該在研究這樣的問題時盡可能謹慎，也盡可能精確。以往，現在也是，社會科學的重要研究通常是詳加推敲假設，關鍵處再補充更詳盡的資訊。事實上，至少到目前為止，被公認為重要的論題和主題，還沒有其他處理方式。

要求我們的研究必須關心重要——或者更常見的說法，意義重大的問題，是什麼意思呢？又是基於什麼？在這裡我必須說，我的意思不只是問題應具有政治、實際或道德意義——不論這些名詞可能被賦予什麼樣的概念。我們首先應該考慮的是：問題必須和我們的社會結構概念，以及社會結構內發生的事情，有真正的相關性。我說「真正的相關性」（genuine relevance）的意思，是我們的研究要和社會結構的概念有邏輯上的相關性。「邏輯上的相關」（logically connected）指的是在研究問題醞釀階段和解釋階段，我們可以在較廣泛的闡述和較細節的資訊之間開放而清晰地往返。「意義重大」（significant）一詞的政治意義，我將在後文探討。此時此刻顯而易見的是，像抽象經驗論這麼戒慎、死板，已將我們這個時代巨大的社會問題和人類議題排除在探究之外。而後理解這些問題、且努力解決這些議題的人，會訴諸其他方式來闡述信念。

五

經驗論特有的研究方法——有別於哲學——顯然相當適合也方便於研究許多問題，我不明白人們要怎麼合理地反對經驗論。我們當然可以透過適當的抽象，對任何事物講求精確。沒什麼東西天生不可測量。

如果某人正在研究的問題適合應用統計程序，他絕對該試著使用。例如在研究菁英理論時，我們需要了解一群將領的社會出身，自然會試圖找出他們來自社會各階層的比例。如果我們需要知道一九〇〇年以來白領階級的實質所得上升或下降了多少，我們會製作按職業區分的所得時間數列，並依物價指數調整。但在一般情況下，沒有人非得接受這樣的程序是唯一可用的程序；當然不必將這個模型奉為絕對的圭臬。這不是唯一一種經驗研究方法。

我們應根據對還沒那麼精確的整體觀點，選擇特殊、細微的特色來做透徹、精確的研究，進而解決和結構性整體有關的問題。這是依據問題的需要量身訂作的選擇，不是遵奉某種認識論教條的「必需品」。

我不認為誰有權利反對小問題的詳盡研究。這種研究需要的聚焦或許是對可佩的精確與必然性的要求，或許也是學術分工，即專業化的一環，而同樣地，沒有人該反對這件事。但當然我們都有權利問：如果有人聲稱這些研究是學術分工的一環，而學術分工在整體上又構成社會科學，那麼這些研究所需的知識，其他的部門又在哪兒呢？將這樣的研究納入更大圖像的那個「部門」又在哪兒呢？

該注意的是，幾乎所有研究風格的實踐者都傾向使用類似的口號。每個住在戶外廁所的人（這個老掉牙的笑話絕不只是笑話）今天都很清楚本身概念的意涵；每個詳盡分類的人（很多人正在分類）也都明白「經驗驗證的典範」。人們已認同，要系統性地推進理解，就必須以某種方式交替運用（經驗的）吸收和（理論的）消化；概念和觀念應引導真相的調查，而詳盡的調查該用來精鍊觀念。

已經發生的方法論禁制現象是，人們被困住了，主要不是困在經驗的吸收，而是困在基本上屬於認識論的方法問題。既然其中很多人，特別是年輕一代，對認識論了解不深，他們往往很教條性地服膺一套支配他們的準則。

此外還有迷戀**大概念**的現象：人們困在相當高的一般化層次——通常屬語法性質——以至於無法落實到事實。這些傾向或學派都在社會科學研究過程中停滯的地方生長茁壯。但本該只是稍事歇息之處，卻已成為——容我這麼說——徒勞無功的入口。

就學術上來說，這些學派代表古典社會科學的棄守。其棄守的手段是自命不凡地過度闡述「方法」和「理論」；之所以如此，主因是和實質問題沒有緊密的關係。假如學說和方法的興衰是純學術性的競爭所致（較滿足需要而富成效的勝出，反之則半途停止），那麼鉅型理論和抽象經驗論就不會取得現在這樣的優勢了。鉅型理論會是哲學的一個分支——或許是年輕學者會經歷的過程；抽象經驗論會是科學哲學的一種理論，也是數種社會調查方法的實用附加工具。

假如只有這兩種理論高高在上、比肩而立，我們的情況真的十分悲慘：從它們的實踐上形同保證，我們不會學到太多人和社會的道理——前者是落入形式和含糊的蒙昧主義，後者則是落入形式和空洞的精巧。

第四章——實用性的類型

社會科學的混亂既發生在道德上也是在「科學」上，在政治上也在學術上。試著忽視這個事實，正是混亂持續的原因之一。要評判社會科學諸多流派的問題和方法，我們必須認清許多政治價值和學術議題，因為除非我們知道問題是**誰的**，否則無法非常清楚地陳述問題。對一個人成問題，對其他人完全不成問題；那取決於每個人關心什麼，以及有多清楚自己的利害關係。另外，有一個不幸的倫理議題產生：人不見得關心符合自己利益的事。不是每個人都像社會科學家自認為的那麼理性。而這些意味著：所有研究人和社會的學者在其作品中假定和暗示了道德及政治的判斷。

一

社會科學的研究工作向來伴隨著評價的問題。社會科學的傳統包含一長串多半為教條式的解析、騎牆觀望的企圖，不過還有許多合情合理的觀點。人們往往不會直接面對這個問題，僅是假定或採納零散的解答——就像待雇用的研究技術人員的應用社會學那樣。這樣的研究者，根據其技術所假定的中立，擺脫不掉這個問題——實際上，他讓其他類型的人士幫他解決。但學術匠人（the intellectual craftman）當然會努力完成他的工作，了解其假設與含義，包括那工作對他的社會，以及他在那個社會裡扮演的角色，有何道德及政治意義。

我們不能從事實的敘述或概念的定義中推論出對價值的評斷，以上觀點已獲世人普遍認同到老生常談的地步了。但這不代表這樣的敘述或定義與評斷無關。我們不難看出，多數社會議題都攙雜了糾纏不清的事實謬誤、含糊不清的概念，以及價值的偏見。只有合邏輯的拆解後，才可能辨別那些議題是否真的和價值衝突有關。

社會科學家經常承擔的基本任務之一，是判斷是否真有這樣的衝突存在，如果衝突真的存在，要釐清事實與價值。有時，這樣的釐清工作是重新陳述議題，以找出開放解釋的途徑，因為重新陳述議題或許會暴露出即便利害關係相同，也可能抱持不一致的價值：不犧牲舊有價值，就難以實現新的價值，因此，為了身體力行，有利害關係者必須弄清楚他們最重視的是什麼。

然而，一旦有某些價值衝突，且利害關係者如此堅定不移、始終如一的擁抱價值，以致衝突無法透過合邏輯的分析和事實調查來解決，那麼理性在人類事務中扮演的角色似乎已終結。我們可以釐清各方價值的意義和重要性，可以兼顧各方價值、確定實務上的優先順序，可以依事實談論它們——但最後我們也許落得只能提出主張或反對主張；只能懇求或說服。最後，如果真的走到最後，道德問題會變成權力問題；而萬不得已時，如果真的別無他法，權力的終極形式便是強制。

休謨（David Hume）[80]言之有理，我們不能從我們相信的事物推論我們該怎麼做，也不能從我們相信自己該怎麼做的想法推斷別人該怎麼做。最後，如果真的走投無路，我們只好把和我們意見不同的人痛打一頓；希望那個結局盡量不要發生。在此同時，我們該講道理。

我們選擇要研究什麼樣的問題，和價值有關；我們主要用什麼樣的概念來闡述這些問題，也和價值有關；價值也會影響解答問題的過程。就概念而言，我們的目標應當是盡可能使用價值中立的詞彙，並了解和釐清殘餘的價值意涵。就問題而言，我們的目標同樣是釐清問題是依據何種價值被挑選出來，不論解答之道為何，也不論它可能有什麼樣的道德和政治意涵，盡可能在解答時避免評價的偏見。

順帶一提，某些類型的批評家會依據結論是陰暗或開朗、是消極或有建設性，來評斷社會科學的作品。這些開朗的道德家想要（起碼最後要有）奔放的熱情：樂於見到誠摯的樂觀主義氛圍，因為這種氛圍會使我們精力充沛，走向陽光。但我們想了解的這個世界不見得會讓我們所有人對政治充滿希望，對道德感到滿足，也就是說，社會科學家有時很難扮演興高采烈的白痴。就我個人來說，我剛好是非常樂觀的類型，但我必須承認，我始終無法根據一件事能否令人心情雀躍來判定是非。重要的是試著釐清真相、做出適當的陳述——如果陰暗，真遺憾；如果帶來希望，那很好。企盼「有建設性的方案」和「有希望的氛圍」，往往是出於無法面對令人不快的真相——而這種情緒跟事實真偽無關，也跟評斷社會科學作品的標準無關。

社會科學家即便將學術心力放在小規模情境的細節上，其研究也無法脫離所屬時代的政治衝突和勢

80【譯者注】休謨（一七一一——一七七六）是蘇格蘭哲學家、經濟學家和史學家，是啟蒙運動及西方哲學史上最重要的人物之一。

力。他實際上至少間接「接受」了所屬社會的架構。但每一個接受社會科學一切知識任務的人，都不能只是採用既定的結構。事實上，闡明既定結構並研究社會整體，是他的工作。承擔這項工作**是**他的主要判斷。而因為坊間有太多對美國社會的曲解，秉持中立地描述它就常被認為是「未開化的自然主義」（savage naturalism）。當然，要隱藏這些社會科學家可能採取、接受或暗示的價值觀並非難事。我們都知道，我們手邊就有一個不像樣的注解：社會科學，特別是社會學的術語，很多都是來自非專業者對矯揉造作的奇妙熱情。

任何畢生研究社會並發表成果的人，不管想不想要，也不管知不知情，其作為**無不**涉及道德，通常也涉及政治。問題在於他是否正視這事實、自己決定立場，或是自欺欺人，在道德上隨波逐流。今天美國許多，該說多數社會科學家，都是自由主義者，有的自在，有的不自在。當今學界普遍不敢熱情地投入，他們也不例外。這群人在埋怨「價值判斷」時真正缺少的是**熱情的投入**，而非「科學客觀性」。

順帶一提，教學，我不認為和寫作是同一碼事。當一個人出版一本書，書會成為公共財，而如果作者要對閱讀大眾負責，唯一的責任是盡他所能寫出好書，而他要做最後的判斷。但教師有更深一層的責任。某種程度上，學生是被動的聽眾；某種程度上，學生信賴教師，教師是學生的模範。教師最重要的工作是盡可能向學生展現一顆能自律的心智該如何運作。教學的藝術有很大一部分是大聲、清晰**表達心中所想**。在一本書中，作者常努力說服他人相信他思考的結晶；在課堂上，教師該試著向學生示範人該如何思考——同時展現思考得宜時會有多美妙。接下來，我認為教師該非常清楚地說明假設、事實、方法和評斷。他應毫無保留，但該循序漸進，反覆說明形形色色的道德選擇，再提出自己的選擇。若以這種方式寫作，則將索然無味，且不可能自知。這就是非常成功的講課通常不適合集結出版的原因。

我們很難像博爾丁（Kenneth Boulding）[81]那麼樂觀，他寫道：「儘管我們的實證主義者試圖將有關人的科學去人性化，那仍是一種道德科學。」但羅賓斯（Lionel Robbins）[82]的這句話就更難不同意了：「平心而論，現今文明的主要危機之一是心智的無能所引起——受自然科學訓練的心智無法察覺經濟和技術之間的差異。」[83]

二

這種情況本身不至於讓人心煩意亂；就算未被正視，也廣為人知了。現今的社會研究常直接為軍事將領、社會工作者、企業經理和典獄長提供服務。這樣的**官僚用途**已與日俱增，且無疑將持續增加。研究也被——社會科學家和其他人——用於**意識形態**方面。事實上，自有社會科學以來，就與意識形態社會科學相關，這本身就是社會事實。每一個社會都有一些形象——特別是賦予其權力體系和權勢運作正當性的形象和口號。社會科學家創造的形象和觀念可能吻合、也可能不吻合當道的形象，但一定帶有能為其所用的意涵。一旦這些意涵為人所知，通常會引發爭論——然後使用。

81【譯者注】博爾丁（一九一〇——一九九三）是生於英國的美國經濟學家、哲學家及詩人，開拓了經濟學和社會科學的許多研究領域，在一九六〇年代提出「循環經濟」。

82【譯者注】羅賓斯（一八九八——一九八四）是英國經濟學家，將經濟學定義為研究稀有性的學問。

83【作者注】這兩句引文是引用自巴潤（J. Barzun）和葛拉夫（H. F. Graff）合著之《現代研究人員》（*The Modern Researcher*）：頁二一七。

透過合理化權力安排及有權者的地位，形象和觀念將權力轉化為權威。

透過批評和拆解當道及現存體制，形象和觀念剝奪兩者的權威。

透過轉移大眾對權力和權威的注意力，形象和觀念也轉移了大眾對社會結構現實的注意力。

這樣的用途未必是出於社會科學家的本意。固然有可能如此，但社會科學家一般深知自己研究的政治意義。如果他自己不知道，在這個意識形態掛帥的時代，別人也會知道。

人們愈來愈需要合理化明確的意識形態，只是因為就算大權在握的新制度已然成形，但尚未建立正當性，而舊有的權力已不再具有制裁力。例如美國現代企業的權力就不是自動經由十八世紀自由主義學說賦予正當性，即便那一直是合法權威的主幹。每一種利益和權力、每一種熱情和偏愛、每一種仇恨和希望，都傾向取得其意識形態機器，以便和其他利益的口號、符號、信條與訴求相抗衡。隨著大眾傳播擴張和加速發展，符號的效果隨著一再重複而竭盡，因此永遠需要新的口號、新的信念和新的意識形態。在這種大眾傳播和公關密集的情況下，若社會研究仍不需要意識形態的彈藥，豈不怪哉；若社會研究者未能提供這種彈藥，那就更奇怪了。

但不論社會科學家有沒有意識到，只要做為社會科學家，他某種程度就在扮演官僚或意識形態的角色。而且，其中一種角色會輕易促成另一種。使用最拘泥形式的研究技巧以達到官僚的目的，會輕易促使這類研究合理化相關決策。反過來說，若將社會科學的研究成果用於意識形態，也很容易變成官僚運作的一部分：現今企圖正當化一種權力、讓特定政策迎合民眾喜好的嘗試，通常都是「人事行政」和「公共關係」的重點。

長久以來，社會科學在意識形態上的應用比官僚的應用還多；甚至到現在也可能是這樣，雖然兩者比重似乎時有變動。在某些部分，社會科學的意識形態的用途有相當大的比重是在和馬克思的著作進行私下的辯論，以及表達對社會主義運動和共產黨的質疑。

古典經濟學向來是資本主義做為權力體系的主要意識形態。在這方面，它往往遭到「成果豐碩的誤解」——正如今天馬克思的著作屢屢被蘇聯宣傳人員誤解。經濟學家頑固地堅持自然法的形而上學和功利主義的道德哲學之事，經濟學的歷史論和制度論對古典和新古典學提出的批評已表露無遺。但要了解歷史論和制度論本身，就不能不提及保守派、自由主義或激進派的「社會哲學」。尤其自三〇年代以來，已成為政府和企業顧問的經濟學家提出管理技術、對政策發表意見，並建立詳細的經濟報導慣例。非常積極——雖然不見得非常明顯，這些全都涉及意識形態，也涉及官僚的用途。

現今經濟學的混亂是和政策問題及方法、觀念有關的混亂。例如米恩斯（Gardiner C. Means）[84]就抨擊他的同事死抱著「十八世紀」原子式企業的意象，呼籲建立新的經濟模式讓大企業能制定和管控價格。列昂季耶夫（Wassily Leontief）[85]則抨擊同僚分裂成純理論和挖掘事實兩派，提倡兼顧投入及產出的複雜系統。但克拉克（Colin Clark）[86]卻認為這樣的系統是「瑣細得不得要領又浪費時間的分析」，呼

84【譯者注】米恩斯（一八九六—一九八八）是美國經濟學家，合著有關於公司治理的鉅作《現代公司與私有財產》（*The Modern Corporation and Private Property*）。

85【譯者注】列昂季耶夫（一九〇六—一九九九）是俄裔美國經濟學家，曾以「投入產出理論」獲一九七三年諾貝爾經濟學獎。

86【譯者注】克拉克（一九〇五—一九八九）是英國籍經濟學家及統計學家。

籲經濟學家思考如何增進「人類的物質幸福」——並要求減稅。然而高伯瑞（John K. Galbraith）[87]主張經濟學家不該再那麼關心增進物質幸福，聲稱美國已經太富裕，再提高生產量是愚蠢之舉。他請同僚要求增加公共服務和增稅（實指營業稅）。[88]

甚至像人口學這種非常注重統計的專業也捲入這些最初由馬爾薩斯（Thomas Malthus）[89]激起的政策衝突與事實爭議之中。這些議題現今有許多集中在前殖民地區，我們在那裡發現，文化人類學已藉由多種方式深入探究殖民主義的事實和精神。從自由主義或激進主義的觀點來看，這些國家的經濟和政治問題一般被定義為需要經濟迅速發展——特別是工業化及其相關條件。人類學家一般會戒慎恐懼地參與討論，像那些舊殖民政權似的，迴避現今幾乎與未開發地區的變化如影隨形的動盪和緊張。文化人類學的內容和歷史當然不能透過任何殖民主義的事實來「解釋」，就算那些事實並非毫不相干。文化人類學也適合自由主義甚至激進主義的目的，特別是透過堅持純樸社會人民正直、堅持人的性格有社會相對性，以及透過在西方人之間進行反西方本位（anti-parochial）的宣傳。

有些歷史學家似乎很渴望重寫歷史，以便為當今只被認定為意識形態目的的事物服務。眼前一個例子是美國「重新評價」南北戰爭後的公司和其他商業生活。仔細檢視過去一、二十年的美國史，我們必須認清，不論歷史是什麼，或應當是什麼，都很容易成為再造國家或階級迷思的工具。特別在二次世界大戰後，隨著社會科學出現在官僚方面的新用途，已經有人對「美國的歷史意義」歌功頌德，而在這場盛讚中，有些歷史學家已讓歷史有利於保守主義的氛圍，以利保守人士追求精神與物質利益。

政治學家，特別是研究二次大戰後國際關係的政治學家，當然不能被指控帶著反對的企圖來檢視美國政策。霍頓（Neal Houghton）教授[90]的這句話：「有太多被視為政治學學術的東西，不過是在做合理化的注腳、推銷這些政策而已」[91]，也許說得太過，但他舉出的例子不能一笑置之。不能不了解的是，最近的政治學和已經不去理解重要政治現實，反倒對官方政策與怠職的科學式吹捧沆瀣一氣，也沒辦法回答羅戈（Arnold Rogow）教授[92]的問題：「大議題到底出了什麼事？」[93]

我提到這幾個用途和含義不是為了批評或試著證明偏見存在，只是要提醒讀者，社會科學難免會和科層組織和意識形態的議題扯上關係，而這種關聯性牽涉到今天社會科學的多樣性與混亂，因此，明確表達其政治意義，或許比遮遮掩掩來得好。

87【譯者注】高伯瑞（一九〇八—二〇〇六）為蘇格蘭裔美國經濟學家，多次擔任美國總統經濟顧問。

88【作者注】請參閱《商業週刊》（*Business Week*）一九五八年八月二日號第四十八頁，比較經濟學家的報告。

89【譯者注】馬爾薩斯（一七六六—一八三四）是英國人口學家和政治經濟學家。其《人口論》（*An Essay on the Principle of Population*）對社會學與經濟學影響甚鉅。

90【譯者注】霍頓是當代美國政治學者，曾任教於亞歷桑那大學。

91【作者注】對西方政治學協會（Western Political Science Association）發表的演說，一九五八年四月十二日。

92【譯者注】羅戈（一九二四—二〇〇六）是美國政治學教授。

93【作者注】《美國政治科學評論》（*American Political Science Review*），一九五七年九月號。

三

十九世紀後半，美國的社會科學和改革運動及生活改善有直接的關係。俗稱的「社會科學運動」——一八六五年組織了「美國社會科學協會」（American Social Science Association）——是十九世紀晚期人們不訴諸明顯的政治策略而「應用科學」來解決社會問題的嘗試。簡單地說，參與運動的成員，企圖將低階層人民的煩惱轉變成中產階級的議題。二十世紀頭數十年，這場運動走完它的歷程。它失去了激進中產階級改革意識形態的精神；它對福利的廣大呼籲，已轉變成關注格局有限的社會工作、聯合慈善機構、兒童福利和監獄改革。但在「美國社會科學協會」外，有數個社會科學的專業協會冒出頭，也順勢形成數門學科。

因此，早期中產階級改革社會學發生分裂：一方面分裂成各個專門的學科，另一方面分裂成更專門、更制度化的福利活動。但這樣的分裂，不代表各學科變得道德中立和具有科學上的不特定性質。

在美國，自由主義向來是幾乎所有社會研究的政治公分母，已是幾乎所有公共修辭學和意識形態的來源。一般認為會發生這種情況是因為眾所皆知的歷史條件，尤其是美國從未實行過封建制度，因此也沒有反資本主義的菁英和知識分子的貴族基礎。古典經濟學的自由主義——至今仍形塑相當重要的一群商業菁英的觀點——一直為政治所用；就連最精細複雜的經濟描寫，也恪遵平衡或均勢的概念。

自由主義也以一種多少較為散漫的方式，滲入社會學和政治學。與歐洲的前輩相比，美國社會學家傾向一次處理一項經驗事實、一個情境問題。總而言之，他們傾向於分散關注。根據「知識民主論」（the democratic theory of knowledge），他們假設所有事實生而平等。此外他們也堅持任何社會現象都必定有大量細微的成因。這種「多元主義的因果論」（pluralistic causation）相當適合自由主義的「零碎」改革論。事實上，社會事件的成因必然是大量、分散且細微的概念，很容易落入或可稱為自由主義實用性（liberal practicality）的觀點。[94]

如果美國社會科學史中內含某種盲從的取向，那一定是對分散研究、事實調查的偏好，以及隨之而來，混淆的多元主義因果論的信條。這些是自由主義實用性做為一種社會研究風格的基本特色。因為如果每一件事都是數不清的「因素」引起，那我們最好在採取任何實際行動時都非常謹慎。我們必須處理許多細節，因此明智的做法是先改善這個小細節，看看會發生什麼事，再改善另一些小細節。我們當然最好不要固執己見，不要提出太大的行動計畫：我們在進入全面互動的變動時必須認清這點：我們很可能還不知道，可能永遠不知道所有起作用的多重因素。身為研究周遭情境的社會科學家，我們必須洞察許多微小的因素；身為務實的人，要明智地行動，我們必須當周遭情境的零碎改革者，先改這邊這個，再改那邊那個。

一定有人說過，路上小心，事情沒有這麼簡單。如果我們把社會分解成微小的「因素」，我們自然需要相當多因素才能解釋某件事情，而且我們永遠無法確定是否全數掌握。僅在形式上強調「有機的整體」（the organic whole），加上無法設想充分的因素——通常是結構因素——再加上被迫一次僅檢視一種情境的作用——這些觀念讓我們難以理解**現狀**的結構。為平衡起見，或許我們該提醒自己注意其他觀

94【作者注】請參閱米爾斯，〈社會病理學的專業意識形態〉（The Professional Ideology of Social Pathologists），《美國社會學刊》，一九四三年九月號。

點：

首先，「原則上的多元論」（principled pluralism）不是很明顯的和「原則上的一元論」（principled monism）一樣武斷嗎？其次，我們難道不可能在研究成因時不知所措嗎？事實上，這不正是社會科學家在檢視社會結構時該做的事嗎？透過這樣的研究，我們當然是在努力找出事情的充分因素，一旦找到，便針對那些策略性因素建立觀點，以之做為政治和行政的行動目標，讓人們有機會展開更好的生活。

但在自由主義實用性的「有機」形而上學中，強調的是有利和諧均衡的因素。將一切視為「連續的過程」，步調的驟變和革命性的錯亂——我們這個時代如此鮮明的特色——都遺漏了，或者，就算沒有遺漏，也僅僅被視為「病態」、「失調」的徵兆。「習俗」或「社會」等天真語彙暗示的形式化和假想的統合性，阻礙了看清現代社會結構的面貌。

是哪些原因造成自由主義實用性不全面的特性呢？為什麼會有分散情境的社會學呢？學術部門的怪異分工或許促使社會科學家把問題碎片化。尤其社會學家似乎常感覺昔日的社會科學沒有為社會學留下一席之地。或許就跟孔德——也像諸如帕森斯之類的鉅型理論家——一樣，社會學家想要某些迥異於經濟學和政治學而專屬於他們的地盤。但我不認為學院鬥爭中的科系限制，或普遍欠缺能力，足以充分解釋自由主義實用性低度的抽象水準，以及追隨者沒辦法思考社會結構問題的情況。

想想那麼多社會學書籍的讀者大眾：這門學科中大部分「系統性」或「理論性」的作品都是由教師為了授課而寫成的教科書。如前文所強調，社會學常打敗其他科系贏得學院生存權，或許提高了教科書的需求。現在，教科書是為了能將事實傳達給年輕學子而組織，而非整理新進研究和發現。因此，教科書很容易變成頗為機械式的事實蒐集，以便說明多少已達成共識的概念。在將累積的細節依照教科書需要的順序排列時，通常都不重視研究新觀念的可能性、觀念與事實的交互作用非常重要。舊的觀念與新的事實常比新的觀念重要——新觀念常會限制一本授課用教科書「被採用」的數量。要不要採用某本教科書是由教授判斷，也因此決定了教科書的成就何在。畢竟，我們必須記得，撰寫新的講義真的是很花時間。

但這些書是要寫給哪些學生看呢？他們向來以中產階級的年輕人為主，其中很多——特別是中西部的學校——出身自農場或小商人家庭；他們正在努力成為專業人士和初階主管。為他們寫作就是為某些正往上爬的中產階級讀者寫作。作者和讀者、教師和學生，都有類似的社會經驗。他們的出身類似，要去的地方類似，可能擋住他們去路的障礙也類似。

在以往務實的情境社會學，很少用激進的思想考慮政治問題。自由主義實用性傾向不碰政治，或渴求某種民主機會主義（democratic opportunism）。當其擁護者觸及政治事務時，常用諸如「反社會」或「腐敗」之類的詞彙敘述其「病態」特徵。在其他脈絡下，「政治」則似乎被認為相當於政治**現狀**的適當運作，也很容易和法律或行政畫上等號。政治秩序本身很少被檢視。它僅被想當然地認定為相當固定且久遠的架構。

自由主義實用性和某些人意氣相投，例如那些憑藉社會地位、通常具有某種程度的權威來掌控一系列個案的法官、社會工作者、心理衛生專家、教師和在地改革者，都傾向依據「情境」來思考。他們的視野大都受限於現有的標準，他們的職業訓練使其無法擺脫一系列的「個案」。他們的經驗，以及看待社會的觀點太過類似、同質性太高，因而無法允許觀念的競爭和意見的爭議——那些可能會促成建構整體觀。自由主義實用性是一種教化（moralizing）的情境社會學。

「文化落差」（cultural lag）的觀念相當程度上就是這種「烏托邦式」進步論的思想風格的一部分。這個概念暗示人們必須改變來「迎頭趕上」日新月異的技術。被視為「落差」的東西存在於現在，但一般相信它現在落後的理由存在於過去。因此價值判斷會偽裝成對時間先後的敘述。文化落差做為一種對於「進步」不一致的評價主張，對心懷自由主義和殷切期待（optative）的人很有用處：這告訴他們有哪些轉變是「迫切需要」，又有哪些轉變是「該」出現而未出現。這告訴他們，他們已在哪些地方取得進展，在哪些地方做得不夠好。當然，對病態「落差」的偵察，難免因為它的歷史表象，以及被「迫切需要」等假客觀詞彙包裝的小計畫，使情況愈來愈複雜。

用文化落差來陳述問題是在掩飾價值判斷，但更重要的問題是：自由主義實用性的實踐者採用什麼樣的價值判斷？他們普遍接受「制度」一般落在「技術、科學」後面的概念。這包含對科學及井然有序的進步給予正面的評價；簡單地說，這是以自由主義延續啟蒙運動——以啟蒙運動稟持完全的理性主義，對自然科學（視為思考**及**行動的典範）投以救世主般的崇拜（如今在政治上顯得天真）——也延續將時間視同為進步的觀念。這種進步觀念被曾風行一時的蘇格蘭道德哲學帶進美國的大學。從南北戰爭過後到大概前一個世代，美國的城市中產階級部分是由生意規模不斷擴張的商人組成，他們正接管生產工具，**也**贏得政治權力與社會威望。許多老一輩的社會學家不是來自這些崛起中的階層，就是主動和他們融合。他們的學生——他們思想的受眾——也出自這些階層。我們常注意到，進步的觀念通常正合那些所得和地位正在提升的人的心意。

援用文化落差觀念的人通常不會檢視利益團體和決策者的立場，雖然那些團體可能正是造成一個社會不同地區「變化速率」相異的背後因素。或許有人會說，依照文化部門**可能**的變化速率來看，發生「落差」的往往是科技。三〇年代當然是如此，現今在家用科技和個人運輸等方面仍是如此。

與許多社會學家對「落差」一詞的使用呈現對比，范伯倫的「落差、漏縫和摩擦」一語引領他做出「工業對抗商業」的結構性分析。他問，「落後」在哪裡惹麻煩了？而他試著揭露商人老是依企業標準行事而被訓練得愈來愈無能的情況，是如何導致產量與生產力的低落。他也有幾分意識到營利在私有制度中扮演的角色，而他不特別關心「不像是工人的成果」（unworkman-like results），但最重要的是他揭露了「落差」的結構性機制。但許多社會科學家採用的「文化落差」，卻是政治意義過濾後的觀念，那已失去任何特定的和結構性的下錨點：為了將這個觀念應用在每一件事物，他們概括而論，且總是零碎的應用。

四

要探究實用的問題，就要做出評價。會被自由主義實用性實踐者視為「問題」的通常是：（一）背離中產階級、小鎮生活方式；（二）不符合穩定、有序的鄉村原則；（三）與樂觀進取的「文化落差」口號不一致；以及（四）未遵從適當的「社會進步」；但在許多方面，自由主義實用性的實質是由

（五）「適應」與「適應不良」（adjustment）與「適應不良」（maladjustment）這兩個相反的觀念所表現。

這個觀念通常沒什麼具體內容，但實際上它的內容也常做為宣傳，鼓勵民眾順從小鎮中產階級理想中的規範和特性。但這些社會和道德元素卻被「適應」（adaptation）一詞的生物學隱喻給遮掩了；事實上，這個詞還會與「生存」或「倖存」等很少用於社會的詞彙形影不離。依照生物學的意義，「適應」是種正式、普遍的**概念**。但這個詞的實際運用往往凸顯小社區情境的目的和手段受到認同。許多作者建議，應採用比較不具破壞性的手段來達成既定目標：他們通常不會考慮弱勢的群體或個人能否在整個制度架構未改善的情況下達成這些目標。

適應的觀念似乎可直接應用在一方面有既存的「社會」、另一方面則有新的「個人移民」的社會情勢。移民必須「適應」這個社會。「移民問題」很早就是社會學家關注的焦點，而用來敘述移民問題的觀念也成為一種闡述所有「問題」的通用模型。

透過詳細檢視適應不良的具體實例，很容易推論什麼類型的人會被評判為「適應」絕佳：

早期社會學家和自由主義實用派心目中的理想類型，是「社會化」的人。這種人在倫理學上是處在「自私」的對立面。既然社會化了，他會顧慮到別人，會和顏悅色；他不會鬱鬱寡歡、意志消沉；相反地，他的個性有點外向，積極「參與」社區日常工作，協助社區以可調整而靈活的步伐「前進」。他會加入好些社區組織，為其服務。就算不是公開的「參與者」，也會常去看看。他樂於順應傳統的道德和主題，也樂於參與有展望的制度逐漸進步的過程。他的父母不曾離婚；他的家絕不會無情地破碎。他「功成名就」，至少是「一定程度」的成功，因為他的企圖心是有分寸的；他不會執著於超出自己能力的事情，以免變成「空想家」。身為正派的小人物，他不會拚命追求發大財。他有一些美德非常籠統，籠統到我們沒辦法辨認。但有些美德又具體到讓我們了解，這個人對地方適應良好，符合了小而獨立的中產階級家庭所預期的規範，而這些規範在美國小鎮活出了清教徒的典範。

自由主義實用性宜人的小世界——我願這麼同意——必定曾存在於某個地方，否則就得靠杜撰。要杜撰這個世界，似乎沒有比上一代美國社會學家更理想的範本；對於這項任務，也沒有比自由主義實用性更適合的概念。

五

前幾十年，從較古老的實用性之外冒出一種新類型——事實上是好幾種。在福利國家，自由主義比較像是社會服務的行政管理而非改革運動；社會學已失去它改革的動力；它傾向於探討零碎問題和零散的因果關係，日趨保守，已為企業、軍隊和政府所用。隨著這樣的科層組織在經濟、政治、軍事秩序的勢力愈來愈大，「實用」的意義已然轉變：被認為適合這些大制度的目的的事物，才會被認為「實用」。[95]

[95]【作者注】就連「社會問題」的專業——自由主義實用性的主要學術活動——也反映了這種新舊實用性的轉變。「社會解組」的過程已經跟以前不一樣了。來到一九五八年，其實踐者對他們處理的價值觀也有更細膩的認識。政治上，這個領域某種程度上已成為一般的意識形態，及福利國家的關鍵壓力團體和行政附屬物的領域了。

或許「工業人際關係」（the human relations in industry）學派可做為這種不自由主義實用性（illiberal practicality）的簡要例子。[96]當我們檢視這種風格的「文獻」中所有涉及經理人和工人的詞彙時，我們發現最常拿來討論經理人的詞語包括「明智─不明智」、「明理─不明理」、「有知識─無知」，工人則為「快樂─不快樂」、「有效率─沒效率」、「士氣高昂─士氣低落」。

這些學者提出的許多建議──無論明示或暗示──都可用這道簡單公式俐落地總結：要讓工人快樂、有效率和合作，只要先讓經理人明智、明理、有知識就可以了。這是工業人際關係的政治公式嗎？若不是，那它跟什麼有關？若是，那這道公式，從實用的角度說，不是將工業關係的問題「心理化」（psychologizing）了嗎？那不是以「各種利益天然和諧」的古典派公式為基礎嗎？只是現在這種和諧不幸被人際關係的脆弱性干擾了──例如經理人的不智和工人不快樂的不理性？從這些研究歸納出給人資經理的建議，能促使他們透過更了解工人、讓他緩和威權的姿態，擴大對工人的操控，來反擊工人對抗管理階層的非正式結合，以便獲得更順暢、少點麻煩的管理效率嗎？士氣的大概念讓這一切問題成為尖銳的焦點。

現代工業裡的工作，就是階級裡的工作：有一系列的權威由上而下掌控全局──從下而上則是服從。許多工作都是半例行性質（semi-routine）──意思是為了提高產出，每名工人的作業都要片段化和模式化。如果我們把這兩個事實──工業結構的階級性質和多數工作的半例行性質──結合起來，情況很明顯：現代工廠中的工作需要紀律：迅速而相當模式化的服從權威。因此，要充分理解士氣的問題，人際關係專家忸怩處理下的權力因素是箇中關鍵。

畢竟，既然工廠是做工的地方，也是社會關係形成的地方，要給士氣下定義，我們必須考量客觀和主觀的標準。**主觀上**，士氣應該是願意做手邊的工作，且抱持愉快甚至享受的心情。**客觀上**，士氣似乎意味著工作要有效地完成，而且要用最短的時間、花最少的錢、以最小的麻煩完成最多工作。因此，現代美國工廠的士氣是工人能愉快地服從，而這會促使他們有效率地執行手邊的工作——由管理階層評判。

要釐清「士氣」的觀念，就必須說明使用哪些價值做為標準。有兩種關係重大的價值，第一是工人的愉悅或滿足感，二是他有多大的權力決定工作過程。如果擴大考量的範圍，我們會想起，那種自我管理、會參與本身工作的決策，也樂於這麼做的匠人有某種「士氣」的特質。這就是亞當・斯密——哲斐遜[97]那種「非異化人」（unalienated man），或惠特曼（Walt Whitman）[98]所謂「活在自由空氣中的人」（man in the open air）。我們也會想起，所有這樣的人所需的假設情境，在採用大規模的科層組織之後，都變得荒謬了。實際上，透過引入這個因素，我們可以用嚴謹的邏輯從古典自由主義演繹出古典社會主義。接下來，第二種「士氣」類型可以投射，事實上也已經投射到「工人的自主」（workers'

---

96 【作者注】對「梅約學派」（The Mayo School）的詳盡敘述請參閱米爾斯，〈社會學對產業關係研究的貢獻〉（The Contributions of Sociology to Studies of Industrial Relations），收錄於《工業關係研究協會第一年度會議紀錄》（*Proceedings of First Annual Meeting of Industrial Relations Research Association*），一九四八年。

97 【譯者注】亞當・斯密（Adam Smith，一七二三—一七九〇）是蘇格蘭哲學家和經濟學家，著作《國富論》（*The Wealth of Nations*）發展出了現代的經濟學學科，也為現代自由貿易、資本主義和自由意志主義奠定理論基礎。哲斐遜則是指湯瑪斯・哲斐遜（Thomas Jefferson，一七四三—一八二六）。

98 【譯者注】惠特曼（一八一九—一八九二）是美國作家、新聞工作者及人文主義者，被譽為自由詩之父。

control）的古典觀念中。這就是在大規模集體勞動的客觀條件下，為未異化的人構想出來的形式。

相對於這兩種類型，人際關係專家的「士氣」是工人雖沒有權力但愉快的服從。當然有很多人屬於這一類，但重點是，不改變權力結構，就不可能有集體的匠人精神或自主。「人際關係」專家所闡述的那些有士氣的人，是儘管被異化，仍然順從管理或傳統對「士氣」的期待。想當然地認定既定工業架構無法改變，且經理人的目標就是每個工人的目標，「人際關係」的專家並未檢視現代產業的權威結構和工人在其中扮演的角色。他們給士氣問題下的定義非常狹隘，且試著透過他們的技巧向經理人客戶展現，如何在既有的權力架構中提高員工的士氣。他們的努力是用於操縱他人。他們允許員工在不改變結構的情況下「發洩怒氣」（blow off steam），而他將在這個結構裡賣命一輩子。他們已經「發現」的是（一）在現代工業權威結構（「正式組織」）中，有身分地位形構（「非正式組織」）；（二）這些非正式組織常反抗權威，為保護工人抵抗權威行使而運作；（三）因此，為提高效率和避免「不合作」的傾向（工會及工人團結），經理人不該試著瓦解這些組織，而該利用它們達成自己的目標（「以整體組織的集體目標為名」）；（四）或許可透過承認和研究他們來實現目標，以便操控帶頭的工人，而非僅靠權威命令。總而言之，人際關係專家延續了以一種聰明的方式合理化現代社會，並為管理菁英服務的整體趨勢。[99]

六

這種新的實用性為社會科學和社會科學家帶來新的形象。建立不自由主義實用性的新制度崛起：工業關係中心、大學研究處，企業、空軍和政府的新研究部門。它們關注的不是生活在社會底層的人——壞男孩、放蕩女、移工、來到美國卻未入境隨俗的移民。相反地，它們在事實和想像中與社會上層階級掛鉤，特別是有知識的商業高階主管圈和握有可觀預算的將領。在社會科學的歷史上，社會科學家第一次和福利機構和郡層級的公私權力建立了關係。

他們的地位變了——從學院變成科層機構；他們的受眾變了——從改革者運動變成決策圈；他們的問題也變了——從他們自己選擇的變成新客戶給的。這些學者本身在學術方面不再那麼叛逆，而更講求行政管理上的實用性。他們普遍接受**現狀**，提出的問題是出自行政管理者相信自己面對的煩惱和議題。如我們已經見到的，他們研究焦躁不安、士氣低落的工人，以及「不了解」管理人際關係藝術的經理

99【作者注】我們當然不該假設社會科學家在這個研究領域做得不比工業人際關係學派來得好。恰恰相反，社會科學家已經繳出許多出色的研究成果，且有更多研究正在進行。例如林德布洛姆（Charles E. Lindblom）、鄧拉普（John T. Dunlap）、佛爾姆（William Form）、米勒（Delbert Miller）、慕爾（Wilbert Moore）、亞倫（V. L. Allen）、李普塞（Seymour Lipset）、史塔格納（Ross Stagner）、柯恩郝瑟（Arthur Kornhauser）、懷特（William H. Whyte）、杜賓（Robert Dubin）、羅斯（Arthur M. Ross）——不勝枚舉。

十九世紀社會科學最大的命題之一是，在現代資本主義的進化中，人們因結構性的變遷而陷入無能為力的境地，並同時在心理上變得叛逆和苛刻。歷史發展的主線於焉發展：隨著理性意識和知識的傳播，工人，以一種新的集體綜合體之姿，跳出異化，發展出無產階級的勝利士氣。關於這種結構性變遷，馬克思的論點相當正確，只是在它的心理影響上有錯誤和不充分之處。

工業社會學的理論問題，隨著士氣的觀念來到學術和政治的高潮，已變成探討數種異化和士氣類型的問題，也就是我們在系統性地考量權力結構和工人個體生活的意義時，會碰到的異化和士氣類型。那需要我們檢視有多大程度的心理轉變隨結構轉變發生；並探討個別情況的原因。在這樣的方向之中，就存在著研究現代人勞動生活的社會科學的展望。

人。他們也勤勉地替傳播、廣告業界的商務及企業目的服務。

這種新的實用性是在學術上因應兩方面大幅增加的需求：一是處理「人際關係」的行政管理技術人員，二是企業做為權力體系的正當化。之所以出現這些人事和意識形態上的新需求，是因為美國社會發生以下的轉變：工會興起與企業爭奪工人的效忠，民眾開始在經濟衰退期間產生反商情緒；因為現代企業規模龐大、權力集中；福利國家擴張，廣為民眾接受，並增加對經濟事務的干涉。像這樣的發展牽涉到更高層商業世界的轉變：從所謂經濟的實用性轉向政治世故保守主義（politically sophisticated conservatism）了。

實用派保守主義者因為抱持**自由放任**的烏托邦資本主義印象，從不真的認為工會在政治經濟是必要或實用的。只要可能，他們會呼籲解散或限制工會。他們的公開目標是個人當下賺錢的自由。這種直言不諱的觀點仍盛行於許多較小的商業圈——特別是零售業者——和大企業。通用汽車（General Motors）和美國鋼鐵公司（U.S. Steel）是其中佼佼者，他們堅守保守主義的「實用性」。追本溯源，實用派保守主義建立在這個事實：商人不曾覺得需要任何新創或更複雜的意識形態；他們所秉持的意識形態的內容，與那些廣為流傳、未受質疑的公眾想法幾乎吻合。

就是在尚未取得正當性、無法拿既定權威符號掩飾自己的新權力中心出現時，才需要新的意識形態來取得正當性。世故的保守主義者——特徵是出於保守的目的使用自由主義的符號——至少可溯至十九、二十世紀之交，商業受到揭發醜聞的調查者和意在鬥爭的新聞記者聯手攻擊的時候。在大蕭條的氛圍中、《全國勞動關係法案》（The National Labor Relations Act of 1935，亦稱《華格納法案》

〔Wagner Act〕）通過後，保守主義捲土重來，進而在二次世界大戰後蔚為風行。

與右翼一般的實用派成員形成對比，世故保守主義者對於經濟裡創造利潤的政治條件非常敏銳，於此，強大的工會與強大的商會在自由主義國家已然擴張的行政管理架構內相抗衡。他們也警覺，在這個工會和政府爭奪工人和公民效忠的時代，需要新的符號來為自己的權力建立正當性。

商人在這種新實用性的利益似乎十分明顯。但教授呢？教授的利益何在？相對於商業的代言人，他們主要不是關心實用性的金錢、管理或政治意義。對他們來說，這樣的成果是達成其他目的的手段，而我認為，目的的主要是他們自己的「事業」。新的研究活動和顧問工作可能會讓薪水小幅增加，教授當然歡迎。至於幫助經理人更有利地管理他們的工廠，教授會不會感到欣慰；為既有的商業強權建立更易於接受的意識形態，教授會不會大感振奮，我們無從知曉。但只要他們還是學者，他們在學術以外的目標，不見得只是這樣的滿足感。

商業和政府的規模和科層體系擴張，加上企業、政府和工會萌生新的制度關係，創造了新的工作機會，學者的參與正是其中一環。這些發展意味著對專家的需求增加，因此大學內、外的職缺也跟著增多。因應這些外部需求，高等教育中心也培養出愈來愈多看似非政治性的技術人員。

對於那些還待在學術界的人，一種不同於舊式教授的新事業已經成形；那或許可稱為「新企業家」（the new entrepreneur）的事業。這類極具企圖心的顧問事業，透過在校外獲得名望、甚至小規模的權力，可以在大學**裡**提升他們的事業。首先，他能夠在校園裡建立受敬重和資金補助的研究和教學機構，讓學術圈與工商業界人士面對面的接觸。在他那些象牙塔裡的同事當中，這樣的新企業家通常會成為大學事務的領導者。

我想我們必須承認，美國的學術生涯往往無法滿足有雄心壯志的人。學術專業的聲望向來和經濟上的犧牲不成比例；學者待遇和生活方式常常頗為悽慘，而許多學者又因為發現許多聰明才智遠不如他們的人，卻已在其他領域獲得權力和聲望而更加不滿。對這些不滿的教授來說，將社會科學應用於行政管理的新發展，提供了令人滿足的機會——這麼說吧，不必當院長就當上執行長的機會。

但到處都有證據表明——連更急切的年輕一代都更急於投入——這些新事業雖然能讓教授脫離學術的窠臼，但也可能讓他們掉進至少同樣不滿足的深淵。這情況已令人擔心，而新的學術企業家似乎又搞不清楚自己的新目標是什麼；就算成功實現這些朦朧的目標，他們也常看來心無定見。這不就是讓他們心煩意亂、焦躁不安的根源嗎？

整體而言，美國學術界在道德上願意接納這種它已捲入的新實用性。在大學內外，教育中心的人士成了行政機器裡面的專家。這無疑限制了他們的注意力，也窄化了他們可能進行的政治思考的範圍。美國社會科學家做為團體，很少大舉涉足政治；傾向扮演技術人員角色的趨勢更強化了他們非政治性的觀點，減少（如果可能）他們的政治參與、也常因為荒廢而削弱了他們領略政治問題的能力。這是我們常碰到新聞記者比社會學家、經濟學家，特別是（很遺憾得這麼說）政治學家對政治更敏銳、更見多識廣的原因之一。美國大學體系很少提供政治教育；它很少教學生如何估量現代社會的權力鬥爭情況。多數社會科學家跟社區裡這類叛逆的階層少有或完全沒有持續接觸；沒有左翼的報刊可讓一般的學術人士在學術生涯建立互相教育的關係。沒有哪個運動支持或尊崇政治知識分子，遑論提供工作，而學術界在勞動圈也少有淵源。

這些都意味著，美國學者的處境允許他接受新的實用性而不必轉換意識形態，也不必有政治方面的罪惡感。因此暗示任何人「出賣自己」是天真且不恰當的說法，因為唯有真的有東西可被賣時，用這個嚴厲的詞語形容才貼切。

第五章

官僚習氣

過去二十幾年，社會科學在行政方面的運用和政治意義發生決定性的轉變。注重「社會問題」的原有自由主義實用性依然繼續，但重要性已被較新的、用於管理和操控的新保守主義超越。這種新的不自由主義實用性有形形色色的類型，但其整體趨勢影響了全部的人文學科。我打算用一個關於它合理化的例子來討論其習氣（ethos）：「我必須給打算當社會學家的學生最後一番告誡」——拉札斯菲爾德這麼寫。

他可能會擔心世界局勢。新戰爭爆發的危險、各種社會系統之間的衝突、他在自己國家觀察到迅速社會變遷，或許讓他覺得社會問題的研究有其急迫性。危險在於，如果他才研究社會學幾年，就期望能夠解決當前所有問題。可惜事實並非如此。他將學會更透徹地理解身邊發生的事。偶爾他會發現成功社會行動的榜樣。但社會學尚未來到足以為「**社會工程**」提供「**安全基礎**」的階段……從伽利略到工業革命濫觴，自然科學花了將近二百五十年的時間才對世界的歷史構成重大的影響。經驗社會研究的歷史才三、四十年。如果我們指望從它那裡得到世界大問題的快速解方，如果我們要求它給我們立竿見影的實際效果，那麼只會破壞它的自然發展進程。100

近年來被稱作「新社會科學」的東西不僅指抽象經驗論，也指這種新的不自由主義實用性。這個「新」既指方法，也指用途，而這相當正確：因為抽象經驗論的技術和它的官僚用途，現在已常合而為一。這正是我的主張：這種結合促進一種官僚社會科學的發展。

就其目前實踐的情況而言，抽象經驗論的存在及影響，都表現出一種「官僚」發展：（一）為試圖將社會研究全面標準化及理性化，抽象經驗風格的學術運作本身愈來愈「官僚」；（二）這些運作使得對人的研究變得集體性和系統性：在嚴格實行抽象經驗論的那種研究制度和機關，就算僅為了效率起見，也發展出和任何企業會計部門一樣理性化的例行公事。（三）這兩種發展也和選擇和塑造學派研究人員的心智特質息息相關，包括知識上和政治上的特性。（四）由於這種「新社會科學」正在商界（特別是廣告業的附屬傳播部門）、軍隊和大學推展，它已經開始服務官僚客戶的要求了。那些推廣和實踐這種研究風格的人，都願意採納其官僚客戶和領導者的政治觀點。一旦採納，往往就會跟著認同觀點。（五）既然這樣的研究工作在其宣稱的實用目標上發揮效用；它們也會用來提升現代社會官僚形式的效率和聲望，而且相當程度地促成其盛行。但不論這些明確的目標是否有效實現（這是尚待討論的問題），它們確實將官僚習氣傳播到文化、道德和學術生活等領域了。

一

頗為諷刺的，乍看下那些最亟欲發展道德上無懈可擊的方法的人，正是最深刻投入「應用社會科學」和「人文工程」的人。既然以抽象經驗論的方法進行研究的費用很高，只有大型機構願意負擔。大型機構包括企業、軍隊、政府，以及它們的附屬單位，特別是廣告、推銷和公關部門。還有基金會，但掌管基金會的人員，通常是依照實用性，也就是適合科層組織的標準來行事。於是，這個風格已於不同時期分別在特定的制度化中心體現：二〇年代起體現於廣告和行銷機構；三〇年代起體現於企業和聯合民調機構；四〇年代起體現於學術界的某些研究單位；二次世界大戰期間則體現於聯邦政府的研究部門。這種制度模式正不斷擴張，但上述組織仍是根據地。

這些昂貴技術的形式主義讓研究特別適合為付得起錢也願意出錢的人提供所需資訊。這個應用研究的新焦點，一般擺在特定問題上，旨在為實際的行動——也就是金錢和行政管理的行動釐清選項。社會科學不再只有在發現「一般性法則」時才能提供「穩健的實用指導」；行政管理者通常只需要或想要某些詳盡的事實和關係。既然抽象經驗論的實踐者常不在意提出本身關心的實質問題，他們更願意遷就他人，放棄自己的特定關懷。

進行應用社會研究的社會學家通常不會對「大眾」發言；他關心特定客戶，其有特定利益和困擾。這種從大眾趨向客戶的轉變顯然損害了客觀超然（objectivity-as-aloofness）的理念，這種理念或許仰賴我

100【作者注】拉札斯菲爾德：《社會研究的語言》，頁一九—二〇。引號是作者所加。

們對於不明確、未聚焦的壓力的共鳴——因此更建立在研究人員的個人興趣，而研究人員可能——在有限程度上——各有所好而不受支配。

對學者的生涯來說，所有「思想學派」都有意義。「好作品」是依照是否符合特定學派標準來定義，因此，要獲得學術成就，取決於能否積極接受某個優勢學派的信條。只要有許多或至少數個不同的「學派」存在，特別是在不斷擴張的職業市場，這種要求就不必強加於任何學者身上。

除了個人的限制因素，沒什麼能阻止社會學的個別匠人做出最高水準的研究。但這樣誰也不依附的人無法進行適當規模的抽象經驗研究，因為這樣的工作需要等到充分發展的研究機構提供恰當的資料，或者該說工作流程（work-flow）之後才得以進行。要實踐抽象經驗論，需要一個研究機構，以及就學術而言，大量的資金。隨著研究成本節節增高，研究團隊形成，以及研究風格本身變得昂貴，便產生了企業化分工的控制。大學的理念被以下理念取代：做為教授同儕圈，各有各的學徒、各自實行各自的工藝，逐漸成為一組研究科層人員，各自控制各自精巧的分工——也就是一群學術技術專家。就算只為有效利用這些專家，也有必要將程序一一編碼，以利眾人學習。

研究機構也形如訓練中心。一如其他機構，它選擇特定心智特質類型的人，藉由津貼表達對特定心智特質發展的重視。除了較老派的學者和研究人員，這些機構也出現兩種學術舞台的新面孔。

第一種是學術行政管理人和研究推廣人——對於這些人士，我想我說不出什麼學術圈子不熟的事情。他們的學術聲望取決於他們的學術權力；他們是委員會的成員；他們列名董事會；他們可以給你職位、旅行、研究補助金。他們是一種奇妙的新官僚。他們是心智的高階主管，專攻基金會的公關高手。

對他們來說，一如對其他地方的推廣人和高階主管，備忘錄正取代書本。他們能以最有效率的辦法發起另一項研究計畫或創辦另一個機構，他們也掌管「書」的生產。他們說自己的工作時間是「十億數計的技術勞動工時」。在此同時，我們不該期待多少實質的知識：首先一定有許多方法及研究——探究其方法論——接著一定有「前導研究」（pilot study）。許多基金會的管理者喜歡資助規模龐大的計畫，比眾多小型手工藝式的計畫容易「管理」，以及青睞所謂「科學」——通常只意味著弄得瑣碎而「安全」——因為他們不想成為政治關注的對象。因此，較大型的基金會傾向鼓勵以大規模的科層化研究處理小規模的問題，並尋找學術行政管理人來主其事。

第二種是較年輕的新手，形容為研究技術員比社會科學家更貼切。我知道這是相當廣泛的論斷，但我是經深思熟慮才做此主張。要了解一種思想風格的社會意義，我們必須區別領導者與追隨者、創新者與因襲者、「第一代」創建者與第二、第三代守成者。所有成功的學派都包含這兩種人，而這確實已成為判斷「成功」學派的標準，也是判斷這樣「成功」的影響力的重要線索。

普通追隨者的心智特質，和創新、創建者的心智特質通常有所差異。在這方面，思想學派的差異更深刻。在相當程度上，這些差異取決於每一種學派的研究風格允許或鼓勵哪一類的社會組織。我們所檢視的風格中，起碼有幾位發明人和行政人員是極有文化素質的。在他們年輕時，在這種風格尚未興盛之前，他們吸收了西方社會最主要的思想模式；這些人有長年的文化和學術經驗。他們是名副其實有教養的人：能透過想像察覺自己的感性，也能持續修身養性。

但第二代，來自——我想大家會認同我的說法——美國高中學術貧乏背景的年輕人，就不具備與前輩相提並論的經驗了。他們缺乏足夠的大學教育；至少有理由懷疑——雖然我並不知道底細——被挑選進入那些研究機構的不是最優秀的學生。

我很少看到這些年輕人之中有誰處於學術困惑的狀態。我從未見到他們對重大問題顯露熱烈的好奇心，那種好奇心會為了**找出答案**而強迫心智神遊到任何地方，並在必要時不惜重新塑造心智。這些年輕人不會焦躁不安，而是有條不紊；沒什麼想像力，反倒很有耐心；畢竟，他們遵循教條——所有歷史及神學意義上的教條。當然，上述其中一些現象，只是現今美國許多大專學生所面臨可悲學術處境的冰山一角，但我的確相信，那在抽象經驗論的研究技術人員身上分外明顯。

他們已選擇社會研究為志業；他們早早就進行極端的專業分工，他們已經對「社會哲學」養成漠不關心或輕蔑的態度——那對他們意味著「用其他書做材料寫書」或「純屬推測」。聽他們的對話、試著估量他們的好奇心，你會發現心智的死氣沉沉。讓許許多多學者自覺一無所知的社會世界，他們卻並不困惑。

官僚社會科學的宣傳力量，主要來自它在哲學上自稱**科學方法**；它的號召力則大半來自訓練相對容易，且能安排他們從事前途光明的事業。在這兩個例子成功的關鍵是明確編碼、讓技術人員唾手可得的方法。在一些開創人身上，經驗研究是供想像力所用：但如今想像力常被莫名其妙地壓制，人們卻茫然不覺。當你和某位開創人交談時，你會覺得如沐春風。但一旦某位年輕人投入三、四年在這類機構，你就沒辦法真正跟他談論研究現代社會的問題了。他的地位和事業生涯，他的企圖心和自尊，都有很大部分是建立在一種觀點、一種語彙和一套技術之上。事實上，除此以外，他一無所知。

這些學生之中還有一些人常把智力和人格分開，並把智力視為一種他們希望能成功推銷出去的技術。他們欠缺人文素養，遵循的價值觀不見對人類理性的尊重。他們是精力充沛、野心勃勃的技術專家，由於所受的教育有缺陷，加上腐化的需求，他們無法取得社會學的想像。你只能寄望當有夠多這類的年輕人爬到助理教授的位階時，會在學術的浮沉中幡然領悟，而不再仰賴國王的新衣。

抽象經驗論的風格、它所維繫的方法論禁制、它強調的實用性、它的研究機構傾向選擇和訓練的心智特質——以上種種發展，讓有關社會科學的社會政策問題變得更加迫切。這種官僚風格和在機構的體現，與現代社會結構的主流趨勢及其獨特的思想類型一致。我不相信不認清這點就可加以解釋，或充分理解。事實上，同樣的社會趨勢不僅影響社會科學，也影響美國整個學術生活，以及理性在現今人類事務扮演的角色。

爭論的焦點似乎很清楚：如果社會科學並非獨立自主，就不可能成為對公眾負責的事業。隨著研究工具愈來愈巨大、愈來愈昂貴，它們有被「徵用」的傾向；因此，唯有在社會科學家以某種集體的方式全面掌控研究工具時，這種風格的社會科學才能真正獨立自主。只要個別社會科學家的研究仰賴科層組織給予工作，就多半會失去個人的自主；只要社會科學包含官僚事務，就多半會失去社會和政治自主性。我確實想強調「只要」二字。因為我顯然是在討論一種趨勢——儘管這是主要趨勢，但非事情的全貌。

二

如果我們想了解任一地區的文化和學術研究領域，就必須理解當時的社會脈絡。因此現在我要簡短地說明一下學術派系（academic cliques）。當然只要某種觀念夠耐久而重要，任何特定的人格或派系都可能只是它暫時的象徵。但「派系」和「人格」和「學派」的整個情況複雜得多；它們在塑造社會科學發展方面的重要性特別值得注意。我們必須面對，文化活動都會需要某類財務支持和某種形態的公眾批評上的引導。金錢或批評也不是純粹依據對價值的客觀評斷而來，另外，對於評斷本身的客觀性，以及價值，通常也有爭論。

學術派系的功能不僅在調節競爭，也在設定競爭標準，並隨時分配獎勵給符合標準的研究。學術派系在學術方面最重要的特徵，就是這些評斷作者和批評作品的準則。前文已討論過官僚社會科學「技術專家的習氣」——他們的心智特質、他們對聲譽的創造，以及社會科學的主流風氣和盛行評判標準的影響，這裡我只需補充，要完成這些派系內部任務，方法包括：給年輕人親切的建議；提供工作、推薦升等；把書評任務分配給語多讚美的評論者；欣然接受他們要發表的論文和書籍；分配研究經費；在專業組織及專業期刊的編輯委員會裡安插或政治交換要職。只要這些方法能提高聲望，由於聲望正是決定學術生涯的要素，它們也就影響了個別學者的生計和學術聲譽。

以往，一般預期學術聲譽是建立在著作、研究、專題論文等成果上——總而言之是建立在觀念和學術著作的產出、這些作品得到學術同儕和明眼人什麼樣的評價。社會科學和人文學科之所以如此，是因為早期學術世界沒有特權地位，因此一個人是否勝任，很容易看得出來。不過，我們難以得知一位企業總裁宣稱的能力是基於他本身的實力，還是身分地位帶來的權力和工具。但在像老派教授那樣、如老匠人一般工作的學者之間，沒有空間容納這種懷疑。

然而，透過其威望，新的學術政治家就如同企業高階主管和軍事將領，已經取得施展能力的工具，那有別於他個人的能力，但因為他位高權重，兩者無從區分。一位常任的專職秘書、一個跑圖書館的職員、一部電子打字機、一套錄音設備、一架影印機，或許還有一筆每年三、四千美元採購書籍和期刊的小預算——就算只有這些微小的辦公室設備和人員，就能大大提升任何學者表象的能耐。企業高階主管會嘲笑這些微不足道的工具；大學教授則不然——很少教授，就連業績斐然的教授也不例外，穩當地擁有這樣的設備。但這樣的設備卻**是**展現能力、發展事業的工具——而加入穩固的學術派系比獨立不依附地做學問更可能擁有能力與事業。派系的威望增加獲得設備的機會，而擁有設備會回過頭來提高創造聲譽的機會。

我想，這有助於解釋人們何以能夠在其實沒有太多貢獻的情況下贏得可觀的名望。對於這樣的人，一位對身後名聲感興趣的同事最近相當善意地批評：「只要他還活著，他就是他的領域最有頭有臉的人；去世兩個禮拜以後，就沒人記得他了。」這句話說得嚴厲，或許就足以驗證那些學術派系世界的政治家們，想必有揮之不去的焦慮。

如果同一研究領域有數個派系在競爭，那數個競爭對手的相對地位往往會決定派系的策略。居於主導的派系預計小而被視為不重要的派系遲早會被淘汰。小派系的成員會被忽視、被爭取或排斥，最終因為沒有訓練下一代而凋零。我們必須記得，派系的一大重要功能是塑造學術傳人。說某個派系不重要，就是在說它在培育傳人沒什麼發言權。但假如有兩個主流學派，各自有頗具權勢與威望的領導人，那麼這兩個學派的關係往往會是合併，或是建立更大的聯合陣線。當然，如果有某個學派遭到外界或其他派系的猛力攻擊，那麼首要的防禦策略之一便是辯稱沒有派系甚至學派存在；那些政治家正是在這樣的場合發揮所長。

對派系至關重要的任務，和對學派實際研究至關重要的工作，兩者常被混淆。在新人之中，這影響了他們的前途；老一輩的人則在行政、升遷、政治關係和人脈的技能上得到派系酬庸。特別在這些老前輩之中，聲望來源會因此變得曖昧不明。外人可能會懷疑，這個人聲望這麼高，是因為他真正完成的研究極具學術價值，或只是因為他在派系身居高位？

當我們考慮派系之間的關係時，我們立刻會碰到那些不為某個派系發言、但代表整個「領域」發言的人。他們不只是小公司的高階主管，也是產業的發言人。有志於扮演整個領域發言人角色的政治家，通常必須否認該領域中真的有派系之爭。事實上，身為兩個派系的共同發言人，他在學術上的首要之務是證明「他們其實是為同樣的目標努力」。他成為專業威望的象徵，每一個派系都聲稱那是自己的專業，他也是派系「實際上」或至少最終結合的象徵。他從兩個派系借取威望，又將威望賦予兩個派系。他是一種類型的掮客，為兩隊人馬分配威望的比例。

例如，假設在某個研究領域有兩個主流學派，一派叫「理論」，一派叫「研究」。成功的政治家會在兩者間忙碌穿梭；雙方都覺得他左右逢源，又不屬於哪一邊。透過他的威望，他似能允諾「理論」和「研究」不僅相容，也可以整合為某種社會科學的整體。他是那項承諾的象徵。那項承諾並不是以他的著作或進行的研究為根據。事情是這樣發生的：在他要讚揚「研究」派的研究成果時，政治家尋找「理論」——且皇天不負苦心人發現了理論。在他要讚揚「理論」派的著作時，政治家尋找「調查」——終至發現。這些「發現」就跟延伸的書評差不多，與威信的關係大於學術研究本身。如我已經指出的，他完成將「理論」和「研究」融為一體，是一項承諾，一個象徵。在此同時，這位政治家的威望不是立基於這樣的研究，事實上，那根本不需要任何研究。

我認為，這種政治家一般的角色天生存在著一種悲劇性的事實。扮演這種角色的人通常腦筋一流——事實上，庸才無法扮演好這種角色，儘管當然有很多人東施效顰。政治家扮演的角色讓他不必參與實際研究。他累積的威望遠高於他實際完成的研究所應得，他提供的承諾如此堂皇，以至於他常不敢親自進行「研究」；而當他確實擔綱某些研究或作品的要角時，又不願完成或發表，就算別人認為那已經完成。然後他會抱怨他承擔了委員或其他抱怨政治家要承擔的重任，但同時他又接受——事實上常主動追求——更多、更多這樣的重擔。他扮演政治家的角色同時是他不進行研究的理由和藉口。他動彈不得，他常這麼說；但他一定很想繼續套牢——不然他政治家的角色將被他人和自己識破，只是藉口罷了。

派系的世界不是學術世界的全部，還有獨立學者，他們有多種面貌，著作也各形各色。在主要派系看來，獨立學者可能被視為對其派系的學派友好，至少中立；也許他們在研究上兼容並蓄，或只是「不善社交」。只要他們的作品獲得青睞，或他們被評斷為有功、有用、有價值，派系成員或許會試圖拉攏他們、為他們指引方向，最終加以吸收。光是派系成員之間互相讚揚還不夠。

但可能也有獨立學者不想參與遊戲，不想靠威望牟利。這些人之中，有的可能只是全心投入自己的工作、淡泊名利，有的就持絕對的敵對態度了。他們批評學派的作品。如有可能，派系會忽視他們的人和研究。但唯有在派系真的享有崇高威望時，這簡單的策略才管用。除非派系幾乎代表整個研究領域、一手掌控時，才可能如此目中無人。這當然不是常態；同一個領域通常有許多中立和折衷的學者，也有其他派系。還有其他相關研究領域；以及各種非學術圈的讀者和大眾，至少到目前為止，他們的關注或稱讚打亂了派系對威望、名聲和事業的壟斷。

因此，若無法忽視這些批評者，就得採用其他策略了。所有用來對學派成員進行內部管理的手段，當然也可以用來處理不友善的外人。我只需要討論其中一種就行：書評，分配威望最常見的媒介。假設某位獨立學者出版了一本備受矚目的書，難以對它視而不見。粗糙的手段是把它交給派系的某位領導人，特別是已知和作者的觀點競爭甚至敵對的人，或至少抱持相反觀點的人。比較微妙的做法是把它分給派系較不重要、作品不多因此觀點不為人熟知但後勢看漲的人。這樣做有不少好處。對那個年輕人來說，這既是給他輸誠的機會，也是透過批判知名前輩來贏得肯定的機會。沒有把書分給頂尖學者，也暗示書的地位沒那麼重要。由年輕人扮演這個角色也比較安全：作者可能會拉不下臉來「回應」那篇評論；由作者親自回應專業評論者的批評也非慣例，事實上，一些學術性期刊的政策是不鼓勵甚至不允許這種做法的。但就算作者回應書評了，那也沒太大關係。不只寫過評論也寫過書的人都知道，所有學術工作中，最容易的就是用兩、三段的評論「拆穿」一本書——任一本書——而作者幾乎不可能以同樣的篇幅「回應」這種評論。如果關注這場爭議的所有讀者都仔細讀過這本書，回應或許是有可能；但作者無法做此假設，因此評論者具有壓倒性的優勢。

萬一這本書在領域內外都獲得大量關注，那就只有把它交給派系的領導成員，最好是學術政治家，讓他盡責地讚美而不提到太多內容，也說明它如何促成該領域盛行及大有可為的趨勢。任何認真、忠貞的派系都該避免的做法是把書交給其他獨立學者，因為他首先會正確、清楚地敘述書本的內容，再以超脫學派、派系、時尚的眼光評論它。

三

在各種社會科學學派所用的口號中，沒有比「社會科學的目的是預測與掌控人類行為」用得更頻繁的。現今，在某些圈子，我們常聽到「人文工程」——一個定義不明而常誤認為有明確、顯著目標的名詞。被認為明確、顯著是因為它是以「掌控自然」與「掌控社會」這個無可爭議的類比為基礎。習慣使用這種詞彙的人很可能也最熱切關注「將社會研究轉變成真正的科學」，並認為他們自己的研究政治中立、與道德判斷無關。通常，這個基本概念被陳述為社會科學「落後」於自然科學，因此需要縮小差距。在我剛提到的許多自居科學家的人之間，這種技術官僚的口號是政治哲學的代替品。他們料想處理社會就和物理學家處理自然一樣。他們的政治哲學包含在一個簡單的觀念中：只要運用現代人拿來控制原子的科學方法來「控制社會行為」，很快就能解決人類的問題，為所有人確保和平與富足。

這些詞語背後隱含著奇怪的權力、理性、歷史觀念——這些全都不明確且全都可悲的混淆不清。使用這些詞語透露出一種理性主義、空洞的樂觀，會有這種態度是因為不了解理性可能在人類事務中扮演的其他角色、權力的本質、權力與知識的關係、道德行動的意義、知識在道德行動中的位置、歷史的本質，以及人類不僅是歷史的產物，偶爾也是歷史當中的創造者，甚至歷史創造者的事實。在我探討這樣的議題之前，因為它們與社會科學的政治意義有關，我想簡單檢視一下技術官僚哲學家的主要口號——即預測與控制。

要像很多人那樣暢談預測與控制，必須採納官僚的觀點，而馬克思曾說，對官僚而言，世界是可以操控的對象。為闡述得更清楚，我舉個極端的例子：如果某個人在一座沒有敵人的孤島上掌控一支細膩又強大的師部軍事單位，你會同意，他是處於控制的地位。如果他充分運用權力、制定了確切的計畫，他可以預測，以範圍極小的誤差，每一個人將在哪一年哪一天的哪一個鐘頭做什麼事。甚至連這些人的情緒都可以預測得相當準確，因為他就像操控無生命的物體一樣操控他們；他有權力推翻每一個人可能擬定的許多計畫，偶爾可能自居為有無上權力的專制君主。只要他能控制，他就能預測。他控制住「規律性」。

但做為社會科學家，我們不能想當然地認為我們面對的是如此容易操控的對象，所以我們不能假設我們是人類中開明的獨裁者。要做出上述任一種假設，我們至少要採取一種對教授而言頗為突兀的政治立場。歷史上沒有哪個社會的結構，是像我假設的師部那樣死板的架構。也沒有哪個社會科學家——謝天謝地——是指揮歷史的將領。但要和許多人那樣將「預測與控制」相提並論，通常就要假設有某種單方面的控制權，就像我想像的孤島將領那樣，雖然我為了澄清論點，多少誇大了他的權力。

我想要闡明這點是為了揭露官僚習氣的政治意義。官僚習氣主要用於社會的非民主領域——軍事機構、企業、廣告代理商、政府的行政部門。許多社會科學家受邀進入這樣的科層組織，或為其服務，而他們在那裡關心的問題，是這些行政管理機器的員工更有效率的相關問題。

我不知道可以怎麼合理地反對林德（Robert S. Lynd）[101]教授對《美國軍人》（*The American Soldier*）[102]所做的評論：

> 這幾卷書描述了如何以高超的技巧運用科學來挑選和控制人們，使他們為非己所願的目的效力。這是衡量自由主義民主之無能的重要基準——自由主義民主在運用社會科學時，並非直接處理

> 民主本身的問題，而是處理無關或間接相關的問題；那必須效法私人企業研究或——像現在的例子——學習軍隊，前者針對像是如何估量聽眾的反應來綜合廣播節目和電影，後者則針對如何將擔心受怕的入伍新兵轉變成不屈不撓的軍人，打一場他們不了解為何而戰的仗。既然諸如此類與社會無關的目的掌控了社會科學的應用，社會科學的用途的每一次發展都傾向讓它變成控制大眾的工具，因而成為民主更深的威脅。[103]

人文工程師們的口號足以將官僚習氣帶出思想風格和研究方法的實際用途。一個人要用這些口號來聲明「大概是做什麼的」，就是接受官僚的角色，就算不是在科層組織中工作。這個角色，簡單地說，經常是以「**好像**」為基礎。要採用技術官僚的觀點，並以社會科學家的身分試著依此行動，就要「**好像**」自己是人文工程師那樣行動。現在，社會科學家用這樣的官僚觀點來看待自己的公共角色。以這種「好像我是人文工程師」的態度行動，在人類理性發達而民主廣為建立的社會，或許會討人喜歡，偏偏美國不是這樣的社會。不論美國是什麼樣的社會，這點都昭然若揭：在美國社會中，功能性的理性科層組織愈來愈常用於人類事務和歷史性的決策。歷史變遷在所有人類背後發生，不受人類意志控制的程度

101【譯者注】林德（一八九二—一九七〇）為美國社會學家，以中鎮（Middletown）研究聞名。

102【譯者注】《美國軍人》指史托福所著之《二次大戰的社會心理學研究：美國軍人》（*Studies in Social Psychology in World War II: The American Soldier*）系列，共四卷，一九四九年出版。

103【作者注】節錄自〈不人道的科學〉（The Science of Inhuman Relations），《新共和》（*The New Republic*），一九四九年八月二十七日。

在不同時期內各不相同。在我們這個時期，科層化制度是否介入關鍵決策的狀況，逐漸成為歷史變遷的源頭。另外，在我們這個時期，這個社會，控制手段、權力工具的擴增和集中化，實現那些手段工具的控制者也相當廣泛地應用社會科學，以便達成任何目的。討論「預測與控制」卻不面對這樣的發展所引發的問題，就是放棄我們可能有的道德和政治自主性。

我們有可能以官僚以外的觀點談「控制」嗎？當然可能。已經有人想到各種「集體自我控制」（collective self-control）的類型。要充分說明這樣的觀念，需要納入所有自由和理性的議題。也要納入「民主」的概念——做為一種社會結構和一套政治期望。民主意味著法治下的人有權力和自由依照法定程序改變法律——甚至改變那些程序；但不僅如此，民主還意味著某種對於歷史本身結構機制的集體自我控制。這是個複雜、困難的觀念，我後面會再詳細討論。這裡我只想提出建議：在一個渴望民主的社會，倘若社會科學家想要嚴肅討論「預測與控制」，必須仔細思考這些問題。

我們有可能以官僚以外的觀點談「預測」嗎？可能，當然可能。預測可能仰賴「非意向性的規律」（unintended regularities）而非「指定的控制」（prescriptive controls）。在不需控制下，我們反倒可以最準確地預測那些人們平等控制的社會生活領域，或是那些「自發」和非例行性活動降到最低的社會領域。例如，語言的用法就是在「人類背後」改變且持續。歷史的結構機制或許也會出現這樣的規律。如果我們可以理解彌爾（John Stuart Mill）[104]所謂社會的「媒介原理」（principia media），如果我們可以掌握它的主要趨勢；簡單地說，如果我們可以理解我們時代的結構性轉變，便可能擁有「預測的根據」。

但我們必須記得，在特定情境中，人通常確實可以控制自己的行動；而可以控制到何種程度，就是我們研究的目標。我們該記得，世上有真實的將領，也有假設的將領，也有企業高階主管和國家領袖。另外，正如人們常言道，人不是無生命物體的事實意味著他們可能察覺那些針對他們行為所做的預測，因此可以也時常照著調整自己；他們可能故意讓預測落空，也可能實現預測。到目前為止，他們到底會怎麼做，尚無法準確預測。只要人有某種程度的自由，就不可能毫無困難地預測他們可能的行動。

不過重點在於：說「人文工程」或「社會科學真正的終極目標」是「預測」，就是拿一句技術官僚的口號來代替本該是理性的道德選擇。這種說法也是採用官僚的觀點，而一旦充分採納這種觀點，就沒有多少道德選擇的空間了。

社會研究的科層化是相當普遍的趨勢；或許在任何社會可能終將發生一種情形：科層組織的慣例變成至高無上的諭令。自然，會有某種含糊、浮誇的理論隨之出現，那與行政管理的研究調查沒什麼互動。特定的研究——一般採統計方法且必定用於行政管理的研究——不會影響我們對**大概念**的闡釋；而我們的闡釋也和特定研究調查的結果無關，反倒和政權及其轉移的正當性有關。對官僚來說，這個世界是該照章處理事實的世界。對理論家來說，這個世界是充滿概念的世界，概念皆可操控，而且通常沒有規則可循。理論以形形色色的方式賦予權威在意識形態上的正當性。透過提供有用的資訊給當權者，為

104【譯者注】彌爾（一八〇六——一八七三）是英國古典自由主義哲學家及政治經濟學家，其著作《論自由》（*On Liberty*）集古典自由主義之大成。

官僚服務的研究調查讓權威更有效力，也更有效率。

抽象經驗論也為科層組織所用，雖然它當然有明確的意識形態意義——有時就是要用作意識形態。鉅型理論，如前文所述，沒有直接的官僚用途；它的政治意義是意識形態上的，而它可能具有的用途也就是如此。假如這兩種研究風格——抽象經驗論和鉅型理論——成了學術上的「雙霸」，甚至成為學術研究的主導者，就會對社會科學的學術展望，以及理性在人類事務所扮演角色的政治展望構成嚴重威脅——儘管那個角色向來是在西方社會的文明中孕育。

第六章

科學哲學

科學的本質為何，長久以來爭論不休，正好掩蓋了社會科學的混亂——現在應昭然若揭了。相信多數研究社會的學者會同意，他們欣然接受的「科學」通常既曖昧又形式化。「科學經驗論」意義甚廣，尚未有公認版本，更別說系統性使用任一種版本。人們對其專業的期望相當混亂，所謂匠人精神或許可依據數種大相逕庭的研究模式來理解。這在某種程度上，是以下情況所致：自然科學的哲學家的認識論模式極具吸引力[105]。

既然明白社會科學有數種研究風格存在，很多學生熱烈贊同：「我們該把它們整合起來。」有時這項計畫說得頗令人信服：據說未來數十年的任務，就是把十九世紀的重大問題和理論性研究，特別是德國的，和二十世紀盛行的調查研究技術，特別是美國的，統合起來。人們覺得，透過這種偉大的辯證法，卓越的觀念和嚴格的程序將得到顯著且持續的發展。

105【作者注】請參閱第三章，第一節。

既然變成哲學問題，要「把它們整合起來」就沒那麼困難了。[106]但有個相關的問題：假使我們真的用某種鉅型研究模式「把它們整合起來」了——這樣的模式對社會科學的研究，對處理它的首要任務有什麼用呢？

我相信，這樣的哲學對現任社會科學家**是**有點用處的。明白這點能讓我們更清楚地覺察我們的概念和程序，並加以闡明。它提供了一種語言讓我們可以做這些事。但它的用處應具有一般性；現職的社會科學家不必非常嚴肅地採取任何這一類的模式。最重要的是，我們該運用它來解放我們的想像力，用以啟發改進我們的程序，而非限制我們的問題。以「自然科學」之名對我們要研究的問題劃地自限，在我看來莫名其妙的膽怯。當然，如果半熟練的研究人員想要局限在他們的問題，那或許是明智的自制；但除此之外，這樣的限制就沒什麼意義了。

一

古典社會分析家會避開任何僵化的程序；他會力圖在他的研究中發展和運用社會學的想像。他厭惡**概念**的結合與分解，只在有充分理由相信能藉此擴大感受範圍、提高指涉精確度與推理深度時，才使用更精細的術語。他不受方法和技術局限；學術匠人的做法才是古典的做法。

關於方法及理論的實用討論，通常會形成正在進行或即將進行的作品手稿的旁注。首先，「方法」是關於如何提出和解答問題——且確信答案多少能夠耐久。「理論」則要我們斟酌所用的詞語，特別是概括的程度和邏輯關係。方法和理論的主要目的是釐清概念和精簡程序，以及此刻最重要的，釋放而非局限社會學的想像。

掌控「方法」和「理論」，就會成為有自覺的思考者，在工作的同時意識到所進行研究的假設與含義。被「方法」和「理論」掌控，則會無法研究，也就是無法嘗試了解世界的動向。沒有洞察做學問的方式，研究結果就薄弱不可靠；無法判斷研究能否得出重要成果，所有方法都是裝腔作勢。

對古典社會科學家來說，方法或理論都不是獨立自主的領域；方法是解決某些問題範圍的方法；理論是闡述某些現象範圍的理論。它們就像你的母語；你如果會講，沒什麼好誇耀的；但如果不會講，就既丟臉又不便。

做研究的社會科學家一定要將充分理解手邊的問題列為當務之急。這顯然代表他必須非常熟悉研究相關領域的知識現況。也意味著——這點我覺得尚不明顯——若有數項被檢視的研究都涉及類似的研究領域，這樣的工作能做得最好。最後，如果某個人只有一種專業，這樣的工作就不能做到最好，更不用說是事實上他是沒做過多少實際研究的年輕人，或是可能僅以某一特定風格做過研究的人

當我們在研究時停下來反省理論和方法，最大的收穫便是可以重新敘述問題。或許這就是為什麼，每一位做研究的社會科學家都必須是自己的方法論學者和自己的理論家，而這只有一個含義：他必須是學術匠人。每一名匠人當然都可以從全面嘗試編纂方法中學習，但這往往只是一種籠統的感覺。這就是

106【作者注】參閱，例如這篇遊戲文章，〈當前社會研究的兩種研究風格〉（Two Styles of Research in Current Social Studies），《科學哲學》（*Philosophy of Science*），第二十卷，第四號，一九五三年，十月，頁二六六—一七五。

為什麼方法論的「應急方案」（crash program）不大可能協助社會科學發展。真正有用的說明方法，不能用強硬的方式，如果它們和社會研究實際運作的關係沒那麼穩固，那麼對於問題的重要性的感覺和解決問題的熱情——現在往往已經喪失——就無法在社會科學家的心中充分發揮。

於是，方法的進步最可能在工作進行中推展出適度一般化時出現。因此我們必須在個人的研究和學科的組織裡，讓方法與正在進行的工作維持非常密切的互動。我們只有在與實際工作有直接關係時，才該認真關注方法論的一般討論。社會科學家確實會就方法進行這樣的討論，而我稍後會在附錄中說明其中一種可能的方式。

方法的陳述及其爭論、理論的分類與再分類——不管有多大刺激性甚至娛樂性——都只是展望。方法的陳述可望引領我們以更好的方式進行研究——而且幾乎研究什麼都可以。理論的闡述，不管有沒有系統，可望使我們在解釋所見事物時，從中分類，或是注意我們所做的分類。但單單方法或理論都不能視為社會研究實際工作的一部分。事實上，兩者常與社會研究背道而馳：它們就像政治家一樣，撒手不管社會科學的問題。通常，我們已經看到，它們是以某種宏大得令人摸不著頭緒的鉅型研究模式為基礎。這種鉅型模式無法徹底發揮用處，這可能不是太重要，因為它或許仍可以有儀式的作用。如前文所解釋，這種鉅型模式多半是從某種自然科學的哲學中形成，而且最可能來自物理學的哲學曲解——或許還是有點過時的物理學。這個小遊戲，以及其他規則類似的遊戲，不會讓研究更深入，反而會導致科學的無知主義（scientific know-nothingism），也就是霍克海默（Max Horkheimer）[107]寫到的：「老是警告人家不要過早下定論，不要做含糊的歸納，這些，若不適當限制，可能會對所有思考形成禁忌。如果所有思想在完全獲得確證前都必須擱置，那所有基本研究途徑看來都不可行，而我們將把自己局限在表徵的層次。」[108]

我們常見到年輕人意志不堅，但看到社會科學較年長的學者也被那些科學哲學家的信口雌黃弄得心神不寧，好像也不奇怪？遠比某些美國社會學家的響亮宣言，一位瑞士及一位英國經濟學家日常會話般的陳述更合理也更具啟發性，他們貼切地闡明了古典派對於方法應有何種地位的看法：「許多作家原本憑本能以正確的方式著手處理問題。但在修習方法論後，他們開始意識到前路上有許許多多的陷阱和其他危機。結果便是他們失去了原有的自信，走岔了路，或誤入歧途。要警告這類學者，最好不要碰方法論。」[109]

我們無疑該喊的口號是：

人人都是自成一格的方法學家！

方法學家！上工吧！

雖然我們不能全盤接受這樣的口號，但身為現任的社會科學家，我們需要為自己辯護；而有鑑於我們一些同僚有著怪異又非關學術的熱忱，或許人們可以原諒我們這般誇大其辭。

107【譯者注】霍克海默（一八九五—一九七三）是德國猶太裔社會哲學家，曾於納粹時期流亡美國。

108【作者注】請參閱坎特里爾（Hadley Cantril）編輯之《引發戰爭的緊張情勢》（*Tensions That Cause Wars*），頁二九七。

109【作者注】請參閱喬爾（W. A. Johr）和辛格（H. W. Singer）編輯之《經濟學家擔任官方顧問的角色》（*The Role of the Economist as Official Adviser*），頁三—四。附帶一提，這本書堪稱以恰當方式討論社會科學方法的典範。值得注目的是，書是以這兩位經驗豐富匠人的大量對話為基礎。

二

常識中的日常生活經驗論充滿對特定社會的假設和刻板印象；因為常識會決定你看到什麼，以及如何解釋它。如果你想靠著抽象經驗論擺脫這種情況，你終究會用微觀或微歷史的層次，並慢慢把你處理的抽象細節堆積起來。如果試著透過鉅型理論來擺脫常識經驗論，你會清空你正在處理的那些有明確、現存經驗指涉的概念，而且一不小心，在你打造的這個超歷史的世界，你會相當孤單。

概念是有經驗內容的觀念。如果觀念大過於內容，你可能會陷入鉅型理論的陷阱；如果內容吞沒了概念，你可能會落入抽象經驗論的圈套。這裡牽涉到的一般性問題常被敘述成「對指標的需要」，而這正是今天社會科學實際工作所面臨首要的技術性挑戰之一。所有學派的成員都明白這點。抽象經驗論者常透過消去法，消除該指標的範圍和意義來解決指標的問題。鉅型理論則未有效面對這個問題；它只是繼續用其他同樣抽象的概念來闡述**大概念**。

抽象經驗論者所稱的經驗「數據」代表一種非常抽象的看待日常社會世界的觀念。例如，他們平常會處理中等規模都市按所得、年齡、性別分級的數據。這裡有四個變數，比許多抽象經驗論者設法取得單一種對世界的印象多了不少。當然其中還有一個「變數」：這些人住在美國。但這不是「數據」，所以不能納入微小、精確、抽象的變數之中——正是這些變數組成抽象經驗論的經驗世界。要把「美國」納進來則需要一種社會結構的概念，以及沒那麼死板的經驗論觀念。

多數古典作品（在這個脈絡下有時可稱為**宏觀**）介於抽象經驗論和鉅型理論之間。這樣的作品也包含從日常環境中觀察到的抽象化，但這種抽象化的方向是朝著社會及歷史結構。那是在歷史現實的層次上——也就是說，社會科學的典型問題就是依據特定的社會與歷史架構來做系統性的闡述，也是依此提出解決方案。

這樣的研究重視經驗的程度不亞於抽象經驗論。事實上常猶有過之，常更貼近日常意義和經驗的世界。道理相當簡單：諾伊曼對納粹社會結構的記述，和史托福對陸軍一〇〇七九號分隊士氣的記述一般重視「經驗性」——和「系統性」；韋伯對中國士大夫的記述、史塔利（Eugene Staley）[110]對低度開發國家的研究，或摩爾（Barrington Moore）[111]對蘇聯的檢視，都和拉札斯菲爾德對賓州伊利郡或埃爾邁拉小鎮的民意研究一樣講究「經驗性」。

另外，多數被用於微歷史和超歷史研究層次的**觀念**，都來自古典作品。有哪個種真正有成果的觀念，哪個關於人、社會及人與社會關係的觀念，是源於抽象經驗論或鉅型理論呢？就思想而言，這兩個學派都是依附古典社會科學傳統的寄生蟲。

三

經驗證實（empirical verification）的問題在於「如何著手處理事實」而不被事實淹沒；如何將思想定錨於事實，而不讓思想沉沒。問題首先在要驗證**什麼**，再來才是**如何**驗證它。

110【譯者注】史塔利（一九〇六—一九八九）是美國經濟學家。

111【譯者注】摩爾（一九一三—二〇〇五）是美國歷史學家、社會學家和政治學家，最重要的作品是《民主和專制的社會起源》（*Social Origins of Dictatorship and Democracy*）。

在鉅型理論中，驗證是充滿希望的演繹法；到目前為止，要驗證什麼或如何驗證，看來都不是非常明確的問題。

在抽象經驗論中，「要驗證什麼」似乎不常被當成嚴肅的議題。「如何驗證」則端視陳述問題的方式：這些方式會送入相關性及其他統計方面的程序。事實上，抽象經驗論唯一關注的是對於這類驗證的教條式需求，因而限制、甚至決定了投入這種微觀風格的人使用的概念和處理的問題。

在古典派的實務中，要驗證什麼通常被認為跟如何驗證一樣重要，甚至更重要。它推演的觀念與某些實質問題息息相關；它會依照某種規則來決定要驗證什麼，例如這個：在你推演的觀念中，試著驗證有哪些特色與你推演的觀念最相關。我們稱這些特色為「中樞」（pivotal）特點——如果找到**某個中樞的特點**，那接著就可以一個接著一個的找出其他的。如果這個中樞的特點不是這樣，那麼就會帶出另一套推論。採取這種程序的一個原因是人們覺得工作需要簡化：經驗實證、證據、史實、事實的判定——這些都極耗時間，且通常冗長乏味。因此，我們需要這樣的工作針對觀點和理論找出最具特性的材料。

古典派的匠人通常不會為一項大型的經驗研究做出大型的設計。他的策略是允許乃至歡迎宏觀概念與詳細闡釋之間的穿梭往返。他是藉由把工作設計成一系列較小規模的經驗研究來做到這點，而每一項研究（其中當然可能包含微觀和統計工作）似乎都是他所構思的解決方案某方面的樞軸。之後他會再依據這些經驗研究的結果來確認、修正或駁斥那個解決方案。

對古典派的實踐者來說，如何驗證陳述、命題和推定的事實，似乎不像微觀研究者理解的那麼難。古典派實踐者會透過詳盡闡述所有相關經驗資料來驗證一句陳述；當然，再說一次，如果我們已經覺得有必要這般選擇和處理與問題有關的概念，通常就能夠以較精確的統計調查法來進行詳盡的闡述。至於其他問題和概念，我們的驗證會像是歷史學家的驗證；這是證據的問題。當然我們絕對無法肯定；事實上我們多半是「猜測」；但不是所有猜測都可能是正確的。古典派社會科學值得稱道的特徵之一——是試圖提高我們猜對重要事情的機率。

證實包括以理說服他人，以及說服自己。但要做到這點，我們必須遵循公認的規則，特別是要將研究的每一步驟開誠布公，接受他人查核。這不是**單一一條路**；但一定要小心謹慎、注意細節、養成把話講清楚的習慣、對所謂事實抱持懷疑再三細究，並對其可能的意義，以及與其他事實和觀念的相關性，抱持不厭倦的好奇。那需要井然有序、條理分明。一言以蔽之，那需要始終如一地貫徹學術倫理。倘若沒有倫理，任何技術、任何方法都不足以成事。

四

從事社會研究的每一條途徑，研究與研究方法的每一個選擇，都暗示一種「科學進步的理論」。我想大家都同意科學的進展是累進的：那不是單靠一人之力完成，而是許多人一再修正和批評、增減彼此成就與差錯的成果。我們要讓一個人的工作有分量，就必須讓它與前人的成品和同時期正在進行的研究產生連結。這是為了交流，也是為了「客觀性」。研究者必須用可供其他人檢驗的方式來陳述研究成果。

帶動抽象經驗論者進步的方針非常明確，也非常樂觀：讓我們慢慢、持續地把許多微觀研究累積起來，就像螞蟻把麵包屑堆起來，我們該「將科學堆砌起來」。

鉅型理論家的進步策略似乎是：我們會在某日某地第一手接觸經驗資料；當那一天到來，我們會做好準備、有系統地處理資料；然後我們會明白如何將系統性理論在邏輯上運用到經驗驗證的科學方法上。

對那些呼應古典社會科學之展望的人來說，其所秉持的科學進步理論不會允許他們假設，一連串的微觀研究必將累積成一種「充分發展」的社會科學。他們不願假設這樣的資料一定會對現行目的以外的其他目的有用處。簡單地說，他們不會接受「積木式」（或「老婆婆合縫一條被子」）的社會科學發展論。他們也不認為達爾文或牛頓是在拼湊微觀事實，就像現今微觀社會科學堆砌事實那樣。古典實踐者也不會願意和鉅型理論家一樣，假設對**概念**審慎的闡述和區分，最終一定會以某種系統性方式和經驗資料產生關聯。他們認為，我們沒有理由相信這些概念性的推演一定會生出其他意義來。

簡單地說，古典的社會科學，既不是從微觀研究「聚沙成塔」，也不是從概念性的推演「反推」出事實。古典社會科學的實踐者會試著在同樣的研究過程中，同時進行堆砌和反推，而要做到這點，需要一再適當地建構與再建構問題，並提出適當的解決方案。要實踐這樣的策略——抱歉我一再重複，但這點確實是關鍵——就要在現實的歷史層次汲取有實質意義的問題；要以適合的詞彙陳述這些問題；再來，不管理論飛躍得多高，不管在細節裡鑽研有多刻苦，在每一次完成研究行動的最後，都要用問題的宏觀面向來陳述解決方案。簡單地說，古典的焦點是實質問題。這些問題的特性既限制也建議了使用的方法和概念，以及該如何加以運用。對不同「方法」和「理論」觀點的爭議，要時時緊扣住實質問題。

五

不管自己知不知情，一個人的問題陣容——他怎麼陳述它們，排定什麼樣的優先順序——取決於方法、理論和價值。

但我們必須承認，有些社會科學工作者沒有為問題陣容這個重大問題準備現成的答案。他們不覺得有必要決定研究什麼樣的問題，因為其實他們從不自己決定要研究什麼問題。有些人認可研究一般人在日常情境意識到的當前煩惱的問題；有些人接受當局和業者正式或非正式指派的議題，當作自己的定位點。關於這點，我們東歐和蘇聯的同業遠比我們清楚，因為我們大都不曾在公然控制學術和文化領域的政治組織底下過活。但這種現象絕非不存在於西方，美國當然也有。對社會學家而言，研究問題的政治取向——商業取向更甚——可能是因為他們意願、甚至亟欲自我調整（self-coordination）而產生。

秉持舊自由主義實用性的老派社會學家，往往太容易接受個人的煩惱層次；並未釐清他們據以察覺問題的價值；他們既未設想、也未面對據以理解問題的結構性條件。他們的研究塞滿未消化的事實：那些學者沒有吸收和統整這些事實的學術技巧，而這已造成一種浪漫的原因多重論。無論如何，秉持自由主義實用性的社會科學家所採用的價值，不管是否真心信奉，現已大舉收編進福利國家的行政自由主義了。

在官僚的社會科學中——抽象經驗論是最適合的工具，鉅型理論則填補其理論的空缺——整個社會科學的努力投入在服務當道的權威。舊自由主義實用性或官僚社會科學都無法將公共議題和個人煩惱結合成適合社會科學的問題來加以解決。這些學派（就此而言任何社會科學的學派皆然）的學術特性和政治用途不容易區分。它們在當代社會科學的地位，正由它們的政治用途和學術特性（以及學術組織）所造就。

在社會科學的古典傳統中，建構問題實是要納入各種特定情境和各種個人在其中所遭遇的私人煩惱；而這些情境又要依據較大歷史的社會結構來定位。

任何問題都無法貼切地闡述，除非陳述中涉及的價值和價值遭受的明顯威脅。這些價值及其困境構成了問題本身的基本條件。我相信，是自由和理性這兩種價值引導古典社會分析的脈絡；今天危害它們的力量，似乎常與當代社會的主流一起擴張，就算稱為當代的顯著特色，也不為過。現今社會研究的主要難題有這個共通點：它們關注看似會危害自由與理性這兩種價值的情境和趨勢，以及這些危害對人性和歷史的形成造成的後果。

但在這裡我主要關注的不是特定的問題陣容，包括我個人的選擇在內，而是社會科學家反思他們在研究及計畫中假定的實際問題。唯有透過這樣的省思，他們才能明確、審慎地思考問題，以及可能的替代方案。唯有這樣，他們才能客觀地進行研究。因為要在社會科學的研究保持客觀，就必須不斷釐清研究中涉及的所有事務；這樣的釐清也需要廣泛、批判性的交流。不論透過教條式的**科學方法**，或矯情地宣告**社會科學的問題**，社會科學家都無法冀望以富有成效的累積方式發展他們的領域。

因此，問題的建構應包括直截了當地關注一連串公共議題和個人煩惱的範圍；而這些問題應該要開啟情境與社會結構之間的因果關係的研究。在建構問題時，我們必須凸顯在個人煩惱與公共議題中真正受到威脅的價值是哪些——誰接受這些價值、又受到誰或何種事物的威脅。這樣的建構常因這個事實更趨複雜：我們發現受威脅的價值，不見得是個人或大眾認為瀕危的價值，或者無論如何，不會完全吻合。因此我們也必須提出像這樣的問題：這些行動者認為哪些價值瀕臨危機？他們是否充分意識到牽涉的價值，是否因此心神不寧？將這些價值、情緒、異議和恐懼納入問題之建構實屬必要，因為這樣的信念和期待，就算可能不充分或純屬誤解，也是議題和煩惱的組成要素。另外，在檢驗問題的答案時——如果有的話——也必須看答案能否解釋人們經歷的煩惱和議題。

順帶一提，「基本問題」以及問題的解答，通常需要關注兩件事：一是從個人生命史「深處」湧現的不安，二是從歷史社會結構產生的漠然。在選擇和陳述問題時，我們必須先將漠然轉譯成議題，將不安轉譯成煩惱，接著，我們敘述問題時，必須同時承認煩惱與議題的地位。在這兩個階段，我們要力求簡單、精確地陳述涉及的價值和威脅，並試著找出兩者的相關性。

一個問題的所有適當「答案」都要包含觀察與評估：觀察可以介入的策略點——或可維持或改變結構的「槓桿」；評估誰是可以介入但並未介入的人。還有更多——更多更多——事情與問題的建構有關，但在這裡我只想提出個大概。

第七章——人的多樣性

在以相當長的篇幅批評社會科學數種趨勢後，現在我想回到比較正面——甚至是行動綱領——的觀念：社會科學的展望。社會科學或許一團混亂，但混亂該被利用而非哀嘆。社會科學或許生病了，但對這個事實的認知可以、也應當視為一種病識感，甚至可能是康復的徵兆。

一

社會科學應當針對的是人的多樣性（the human variety），那構成了所有人過去、現在和未來所生活的社會世界。這些世界包含就我們所知千年來沒什麼改變的原始社會，也有可以說是一夕之間變成暴力分子的強權國家。拜占庭和歐洲，古中國和古羅馬，洛杉磯市和古祕魯帝國——人已知的所有世界現在都盡入眼底，讓我們詳加檢視。

在這些世界裡，有原野聚落，有利益團體，有青少年幫派，有納瓦荷（Navajo）的石油工人；有足以摧毀方圓百哩大都會區的空軍；有埋伏在街角的警察；有親友的交際圈和在室內群集的民眾；有犯罪集團；有一夜湧入世界各大城市十字路口和廣場的群眾；有霍皮族（Hopi）的孩童、阿拉伯的奴隸販子、德國的政黨、波蘭的階級、孟諾（Mennonite）教派、西藏的狂人和世界各地無遠弗屆的廣播網。種族和族群團體在電影院混在一起也相互隔離；婚姻有美滿的，也有深惡痛絕的；在幾乎橫跨整座大陸的國家，工商業界、中央與地方政府有上千種分工精細的職業。天天都有數百萬微小的交易，處處都有多到數不清的「小團體」。

人的多樣性也包含人類個體的多樣性；社會學的想像也必須領會、理解這些。在社會學的想像中，一個一八五〇年的印度婆羅門和一名伊利諾州的拓荒農人並肩而立；一位十八世紀的英國紳士和一個澳洲原住民站在一起，旁邊還有一個百年前的中國農民、一位當今玻利維亞的政客、一名法國封建騎士、一個參加一九一四年絕食抗議的英國婦女參政權運動人士、一位剛嶄露頭角的好萊塢明星、一位古羅馬貴族。要寫「人」，就不能不寫到所有這些男男女女——有歌德（J. W. von Goethe）[112]，也有鄰家女孩。

社會科學家力求井然有序地理解人的多樣性，但考慮到這種多樣性的廣度和深度，可能會有人質問：這真的可能嗎？社會科學的雜亂不就是不可避免地反映了社會科學家研究對象的混亂？我的回答是：這種多樣性若僅列出其中一小部分，看來確實凌亂不堪，但整體而言並不會如此，甚至不會像大專院校提供的學習課程看來那麼亂；秩序和失序都是因觀點而相異：要井然有序地理解人和社會，需要一套觀點，簡單到易於理解，但又包羅萬象、得納入人的多樣性的廣度和深度。為取得這種觀點所做的努力，是社會科學的最初、也是持續不斷的奮戰。

當然，任何觀點都取決於一連串的問題，而社會科學的總體問題（我在第一章提出過），只要牢記社會科學的概念方向，便不難理解總體問題也就是將社會科學視為研究傳記（個人生命史）、歷史，以及兩者於社會結構交會時所產生的問題。要研究這些問題，要了解人的多樣性，我們的工作需要與歷史現實的層次——以及這種現實對個別男女的意義——密切相關。我們的目標是界定這個現實，辨識這些意義；古典社會科學的問題正是以根據它們來建構，進而面對問題所包含的議題和煩惱。那需要通盤、比較性的理解史上曾經出現、目前確實存在的社會。那需要依據較大規模的歷史結構來挑選與研究較小規模的情境，但需要我們避免武斷地劃分學院科系；應該根據主題，尤其是根據問題，多方面地專門化我們的研究；需要正確地將人視為歷史行動者來研究，並援用研究中的觀點、觀念、資料和方法。

從古到今，社會科學家在政治及經濟制度上花了最多心力，不過軍事、親屬、宗教和教育制度也有不少研究。這是依據制度平常執行的客觀功能來分類，這樣的分類看來過於簡單到容易誤導，但仍有其方便之處。如果我們理解這些制度秩序彼此間的相關性，就能理解社會結構。因為最常使用的「社會結構」概念正是——把各種依功能分類的制度組合起來的成品。就這樣，它成了社會科學家處理包容性最廣的研究單位。因此，社會科學家最大的目標就是理解社會結構的每種類型，包括其個別及整體。「社會結構」一詞本身就有多種定義，其他詞彙也可用來代表這個觀念，但如果我們記得情境和結構的區別，以及制度的觀念，那麼我們在預見社會結構的觀念時，就不會認不出來了。

112【譯者注】歌德（一七四九—一八三二）是德國詩人、劇作家、小說家。

二

在我們這個時代，社會結構通常組織在政治國家之下。從權力，以及其他許多有趣的觀點來看，涵蓋最廣的社會結構單位是民族國家（nation-state）。民族國家是主導當今世界史的形式，因此也是人人生活中的主要事實。民族國家以不同程度及方式，拆解和組織了世界的「文明」和大陸。它擴張的範圍和發展的階段是理解現代史的重要線索。在民族國家中，政治、軍事、文化和經濟等決策及權力的工具都被組織起來；主宰多數民眾公私領域生活的制度和特殊情境，現在統統被組織成某個民族國家。

當然，社會科學家不一定只會研究國家的社會結構。重點是他們最常覺得需要在民族國家的框架內闡述大大小小問題。其他「單位」則最容易理解為「前國家」（pre-national）或「後國家」（post-national）。因為國家單位當然可能「屬於」某種「文明」，這通常代表他們的宗教制度是所謂「世界宗教」。這樣的「文明」事實，加上其他許多事實，或許指引我們比較當今民族國家多樣性的方式。但一如湯恩比等作家，「文明」在我看來太龐雜、太不精確，不適合做為社會科學的基本單位或「可理解的研究領域」。

在選擇國家的社會結構做為我們通用的研究單位時，我們採用了一種適當的一般化層次：這個層次讓我們免於廢棄問題，又能納入當今人類行為的諸多細節和煩惱所涉及的結構力量。另外，選擇國家的社會結構讓我們最容易挑選大眾關注的重大議題，因為此時此刻，有效的權力工具正是在全球民族國家之內與之間被嚴密地組織起來，因而還有相當多的歷史事件發生，不管結果是好是壞。

當然，確實不是所有民族國家都具有同等創造歷史的權力。有些國家太小、太依賴他國，以至於國內發生的事情只能透過研究強權國家來理解。但在我們單位分類——國家——的實用性，以及必要的比較研究中，這只是問題之一。所有民族國家會互相影響，且其中一些國家源於相似的傳統背景，這固然是事實，但我們可選作社會研究的單位都是如此（只要有相當規模）。況且，尤其自一次大戰以來，每個民族國家都愈來愈自給自足了。

多數經濟學家和政治學家認為，顯然只有民族國家能做為他們的首要單位；就連著眼「國際經濟」和「國際關係」時，也必定以各種特定民族國家的條件進行研究。人類學家的境況和慣例是研究社會或「文化」的「整體」，而只要研究的是現代社會，他們自然而然將國家視為整體來理解。但是未能牢牢掌握社會結構概念的社會學家——更精確的說法是研究技術人員——常覺得國家的規模大到令人懷疑。這顯然可歸因於一種偏好：獨鍾省錢的「資料蒐集」，而唯有較小規模單位的資料才能省錢。這當然意味著他們在選擇單位時並未根據所選問題的需要；相反地，問題和單位都是由他們選擇的方法決定。

某種意義上，這整本書就是在反駁這樣的偏好。我認為多數社會科學家在認真檢視某個重大問題時，會發現很難以小於民族國家的單位來建構問題。研究階層、經濟政策、民意和政治權力本質時是如此，研究工作和休閒時也是如此；就連市政問題，也必須充分考慮國家架構。因此，民族國家這個單位確實可取：只要你在研究社會科學問題方面經驗豐富，就可以從中獲得大量經驗證據。

三

社會結構的觀念，連同它是社會科學通用單位的主張，向來與社會學的關係最密切，而社會學家素來倡導這種立場。社會學和人類學的傳統研究主題向來是整個社會，或者如人類學家所言的「文化」。

社會學在針對整個社會某項特徵的研究中，特別著重於將那個特徵與其他特徵相聯繫，以便獲得整體的概念。前文提過，社會學的想像相當程度上是這類努力的訓練成果。但現在，這樣的觀點和做法，絕非社會學家和人類學家所獨有。這曾是社會學與人類學的展望，而現在儼然成為社會科學普遍的做法——起碼是時有時無的做法——與意向。

在我看來，就文化人類學古典傳統和當今發展而言，和社會學研究沒有根本不同。曾有一段時間，坊間幾乎沒有對同時代的社會進行調查，那時人類學家必須深入蠻荒蒐集無書寫民族的資料。其他社會科學——特別是歷史學、人口學和政治學——從一開始便仰賴在有書寫社會累積的文獻資料。這個事實動輒成為區分學科的依據。但現在，所有社會科學都使用「經驗調查」，事實上，這個技術是由心理學家和社會學家在研究歷史社會時充分發展的。近年來，人類學家當然也研究了先進社會乃至民族國家——通常遠距離觀察；接著社會學家和經濟學家則反過來研究「未開發的民族」。今天，不論方法的差異或主題的界限，都不能真正區分人類學、經濟學和社會學了。

經濟學和政治學向來關注社會結構中的某些制度。關於「經濟體」（economy）和「國家」，政治學家（較次要）和經濟學家（較主要）已發展出傳承數代學者的「古典理論」。簡單地說，他們已建立模型，雖然比起經濟學家，政治學家（及社會學家）一般比較少意識到自己在建立模型。當然，古典理論包括建構概念和假設，從中引導出演繹與概括，再用這些與形形色色的經驗命題相比較。在這些工作中，觀念、程序，甚至問題，都被制定規則了（起碼是隱含的制定）。

這一切聽來相當不錯。不過，對首當其衝的經濟學及其後的政治學和社會學來說，受有兩項發展趨勢影響：讓國家模型和經濟模型之間涇渭分明的形式界限沒那麼重要：（一）俗稱未開發地區在經濟和政治上的發展，和（二）二十世紀「政治經濟」（the political economy）類型的趨勢——包括極權主義和形式民主。對敏銳的經濟理論家來說——事實上對所有名實相副的社會科學家都如此——二次世界大戰的餘波既具腐蝕性，也結出了豐碩的果實。

純屬經濟學的「價格理論」或許邏輯嚴謹，但在經驗上不具有充足性。這樣的理論需要考慮商業制度的管理，以及制度內與制度間的決策者扮演的角色；必須關注有關成本，特別是工薪的預期心理；必須關注小企業卡特爾（cartel）的聯合定價，也必須理解其領導者。同樣地，要了解「利率」，常需要明白金融業者和政府官員官方與私人往來，以及非個人化的經濟機制。

我想，對每一位社會科學家而言，唯有親自參與社會科學，並運用比較法進行研究——我相信，這是當前一股相當強勁的潮流，除此別無他法。比較性研究，包括理論性及經驗性，是今天社會科學發展最有前景的路線，而若能把社會科學統合起來，這樣的研究收效最大。

四

隨著每一種社會科學逐步發展，每一種與其他社會科學的交流便愈益密切。經濟學的主題重回起點——「政治經濟」，且在整體社會結構裡觀察時愈來愈突出。諸如高伯瑞等經濟學家，也同時是政治學家，不亞於道爾（Robert Dahl）[113]和杜魯門（David Truman）；[114]事實上，他針對美國資本主義現行結構的研究，就跟熊彼得的資本主義及民主的觀點，或拉特罕（Earl Latham）[115]的團體民主論一樣，也是政治經濟的社會學理論。拉斯威爾、李斯曼（David Riesman）[116]或亞蒙（Gabriel Almond）[117]既是社會學家，也是心理學家和政治學家。他們多次進出各門社會科學，因此成了全才；一個人只要精通這些「領域」的其中一個，就會被迫進入其他領域的勢力範圍，也就是進入所有屬於這個古典傳統的範疇。當然，他們或許專攻其中一種制度性秩序，但只要領略那種秩序的精髓，也就了解其在整個社會結構中的位置，以及和其他制度領域的關係。因此，社會結構有相當大的部分是由這些關係組成，愈來愈清楚。

當然我們不該假設，面對如此多元的社會生活，社會科學家已理性劃分手邊的工作。首先，每一門相關學科都是自己成長茁壯，因應相當特殊的需求與情況；沒有哪一門是在某項總體計畫中發展的。其次，關於這數種學科之間的關係，以及專門化到何種程度最為適當，眾人當然意見不一。但今天壓倒性的事實是，這些歧見可被視為學院生活的事實，而非學術上的難題，甚至在學院內，我認為，現在它們通常傾向自我消除，汰舊換新。

在學術方面，如今的核心事實是界限的流動愈來愈劇烈；概念在不同學科間的流動也愈來愈容易。已經出現好幾個值得注意的實例：原本可說單單精通某個領域的術語，後來將其靈巧地應用在另一個傳統領域。現在仍有專業分工在進行，未來也會有，但那不該再依據以往的學科劃分，就我們所知，劃分或多或少基於偶然。那該依循問題的路線，要解決問題，需要傳統上屬於數門學科的學術素養。漸漸地，類似的概念和方法已為所有社會科學家所應用。

每一種社會科學都是被某種知識類型的內在發展所形塑；每一種都受到制度「偶然因素」的決定性影響——每一種社會科學在每一個西方主要國家的發展都不一樣，就清楚揭露了這個事實。包括已確立的哲學、歷史和人文學科，對此採取容忍或漠不關心的態度，制約了社會學、經濟學、人類學、政治學和心理學的研究範疇。事實上，在一些高等教育機構，這樣的容忍存在與否，就決定了社會科學能否在學院建立系所。例如在牛津和劍橋，就沒有「社會學系」。[118]

太過認真看待將社會科學依系所分門別類這件事是很危險的；危險在於這個隨之而來的假設：經濟、政治和其他社會制度都是獨立自主的系統。當然，前文已指出，這個假設一直被用來建構「分析模型」，這些模型通常確實頗有用處。古典的「政體」和「經濟」模型經過一般化並併入一個學校的系所後，確實可能模擬十九世紀初期英國，以及尤其是美國的結構。事實上，從歷史來看，做為專業學科的經濟學和政治學，某種程度上必須根據近代西方歷史情勢來詮釋，在這個階段，每一種制度性秩序都被宣稱是獨立領域。但顯而易見的是，由獨立制度性秩序構成的社會模型，當然不是社會科學研究唯一可行的模型。我們不能單以這種類型做為學術分工的適當基礎。認清這點正是現在眾人致力統合社會科學

113【譯者注】道爾（一九一五—二〇一四）為美國政治學家，是舉世公認的民主理論大師。
114【譯者注】杜魯門（一九一三—二〇〇三）為美國政治學家。
115【譯者注】拉特罕（一九〇七—一九七七）是美國政治學家。
116【譯者注】李斯曼（一九〇九—二〇〇二）為美國社會學家、律師、教育家。
117【譯者注】亞蒙（一九一一—二〇〇二）為美國政治學家，
118【譯者注】牛津大學社會學系成立於一九九九年；劍橋大學社會學系成立於於一九六〇年。

的動力之一。政治學、經濟學、文化人類學、歷史學、社會學和至少一個重要派別的心理學等數種學科，正在學術課程的安排中，以及理想的研究設計中，積極進行融合。

統合社會科學所引發的學術問題，主要與特定社會和時期中，制度性秩序之間的關係有關——政治、經濟、軍事、宗教、家庭和教育；我說過，這些關係都是重要的問題。數種社會科學的操作性關係往來也引發不少實際的困難，與課程和學院生涯的設計有關，也和語言學的混亂和各領域畢業生在就業市場的出路有關。社會科學統合工作的一大障礙是單一學科的入門教科書。各「領域」的整合和劃界，比較常依據教科書而非其他學術成果。很難想像有比這更不適當的了。但教科書批發商出版這種書籍確實有利可圖，就算作者和讀者只是為了短期目的而寫書讀書。隨著教科書的整合，整合社會科學的嘗試便依概念和方法、而非問題和題材進行。於是，明確「領域」的觀念不是以堅硬如鋼鐵般的問題領域為基礎，而是立基於脆弱如錫箔紙般的**大概念**。但這些**大概念**目前難以打倒，我也不知道未來能否打倒。但我感覺唯一的機會就在學科的社團裡，某種結構性的趨勢中終能戰勝那些——常執迷不悟、冥頑不靈——仍陷在專業化情境中的人。

在此同時，當然有許多社會科學家明白，他們在「自己的學科」裡，最可能透過較明確地認識社會科學的共同取向任務，來實現他們的目標。如今，個人研究者完全可能忽視科系的「偶然」發展，選擇和塑造自己的專長而不致受到來自科系太大的阻礙。當他真的具備辨識重要問題的能力，且熱切地想解決，他往往必須精通在其他數種學科碰巧存在的觀念和方法。在他心目中，就任何對學術意義而言，沒有任何社會科學的專業是封閉的世界。他也明白他所從事的其實是社會科學本身，而非哪一門社會科學的研究，還有，不論他對研究哪個領域的社會生活最感興趣，事實都是如此。

常有人斷言，擁有百科全書般頭腦的人都是半吊子。我不知道事實是不是這樣，但就算是，我們不是仍至少可以得到某種百科全書的素養嗎？我們絕不可能真正精通每一種學科的資料、概念和方法。況且，用「概念轉譯」或「詳述資料」方式來「整合社會科學」之嘗試，通常是胡扯；許多「社會科學概論」的系列課程也是這種論調。這樣的精通、這樣的翻譯、這樣的闡述、這樣的課程——並非「社會科學統合」的真義。

社會科學統合的真義是這樣的：要陳述並解決任何我們這個時代的重大問題，必須跨學科挑選多種資料、概念和方法。社會科學家不必「精通」哪個「領域」就能熟悉那個領域的資料和觀點，以便釐清他關切的問題。該依據這種反映現實的「問題」來進行專門化，而非盲從學術的專業化界線。這，在我看來，就是此刻正在發生的事。

第八章
歷史的運用

社會科學處理的是傳記（個人生命史）、歷史和兩者在社會結構內交互作用的問題。要恰當地研究人，這三者——傳記、歷史、社會——堪稱坐標點，我在批評當今數個社會學派背離古典傳統時，採取的主要立場就是這三點所構成的平面。要充分地陳述我們這個時代的問題——現在包括人的本性的問題——就要始終如一地把歷史視為社會研究的主軸、認清我們必須進一步發展以社會學為基礎、且與歷史密不可分的人類心理學。不運用歷史看待心理事態會缺乏歷史感，社會科學家就不可能充分陳述現今那些該引導研究的問題類型。

一

辯論歷史研究是否該視為一種社會科學，實在令人厭煩，既不重要，也不有趣。結論顯然取決於你在講的是哪些類型的歷史學家、哪些類型的社會科學家。有些歷史學家顯然是據稱事實（alleged fact）的編纂者，他們會盡量不去「詮釋」這種事實；他們會投入某個歷史片段，經常成果豐碩，但似乎不願將片段置入更廣的事件範圍中。有些人超越歷史，迷失在——通常也成果豐碩——即將到來的末日或即將到來的榮耀等超歷史的觀點。歷史這個學科確實徵求挖掘細節，但也鼓勵我們拓寬視野、欣然接受社會結構發展中劃時代的關鍵事件。

或許多數歷史學家都想「確認」了解社會制度在歷史轉型時所需的「事實」，也通常想透過敘事來詮釋這樣的事實。另外，許多歷史學家也毫不猶豫地接受自己的研究涵蓋社會生活的任一或所有層面。因此，他們的範圍是社會科學的範圍，雖然就像其他社會科學家，他們可能專攻政治史、經濟史或思想史。只要歷史學家研究的是制度的類型，他們多半會強調某段時間的變化，並進行非比較性的研究；反之許多社會學家研究制度類型時就重視比較勝過歷史了。但說穿了，這樣的差異只是他們共同任務的重點不同和專業分工罷了。

目前，許多美國歷史學家都受到數種社會科學的概念、問題和方法的強烈影響。巴潤和葛拉夫最近提出，或許「社會科學家之所以一直呼籲歷史學家將技術現代化」，是因為「社會科學家忙到沒辦法讀歷史」，而且「只要換一種模式呈現，他們就認不出自己的資料了」。[119]

任何歷史作品在方法上的問題當然比許多歷史學家想像的多。但現今有些歷史學家確實想了，只是想像的與其說是方法，不如說是認識論——而且是用一種只可能導致莫名脫離歷史事實的方式想像。某種「社會科學」對某些歷史學家的影響往往相當不幸，不過到目前為止，這個影響還沒有深遠到需要在此冗長的討論。

歷史學家的主要工作是清楚地記錄人類，但這樣的目標說法，看似簡單，實則不然。史學家描述人類組織化的記憶，而這樣的記憶，即文字書寫的歷史，極具彈性。它會在歷史學家代代相傳時發生變化，變化通常是相當劇烈，而且不只是因為後來更詳盡的研究會為記載引進新的事實和證據。它會發生變化也是因為關注的焦點變了，建立紀錄的現行架構也變了。這些是從無數事實中精挑細選的標準，同時也是詮釋其意義的首要方式。歷史學家無法避免挑選事實，雖然他可能試著藉由讓詮釋精簡而慎重來否認這點。我們不需要歐威爾（George Orwell）[120]充滿想像力的計畫，就能明白歷史有多容易在不斷改寫中扭曲，不過他的《一九八四》確實極具戲劇張力地凸顯了這點，但願也適切地讓我們一些歷史學同仁感到當頭棒喝。

以上種種歷史學家這一行面臨的危機讓它成為人文學科中最重視理論的一支，而這讓許多歷史學家的沉著冷靜更令人印象深刻。令人印象深刻，沒錯，但多少也令人不安。我猜想過去一定有段時期，觀點比較嚴密而單一，因此歷史學家對那些被視為理所當然的主題保持渾然不覺。但我們這個時期不是那樣的時期；如果史學家沒有「理論」，或許還能為歷史寫作提供史料，但沒辦法自己寫歷史。他們可以自娛，但沒辦法清楚地記錄。現在，這項任務需要對「事實」以外的許多事物投以明確的關注。

歷史學家的產物或許被認為是所有社會科學皆不可或缺的大檔案——我相信這是真確且讓人受益良多的觀點。歷史做為學科，有時也被認為涵蓋所有社會科學——但這只有少數受錯誤指引的「人文主義

119【作者注】請參閱巴潤和葛拉夫合著之《現代研究人員》，頁二二一。

120【譯者注】歐威爾（一九〇三—一九五〇）是英國作家、新聞記者和社會評論家，《動物農莊》（*Animal Farm*）和《一九八四》都是他的代表作。

者」的看法。比上述兩者更根本的看法是：每一門社會科學——更好的說法是每一種思慮周詳的社會研究——都需要歷史觀和充分利用史料。我據理力爭的就是這個簡單的觀念。

首先，或許我們該正視一個反對社會科學家使用史料的意見：他們相信，相較於更可靠、更精準的當代資料，史料並不夠精確，甚至了解得不夠充分，因此不該允許使用。這樣的反對意見當然說明了社會研究一個非常令人憂心的問題，但它唯有在限制使用哪些種類資料時才有影響力。如我先前所主張，對某個問題的需要，而非嚴格限用某種方法，應該、也向來是古典社會分析家的首要考量。另外，這樣的反對只與特定問題有關，事實上情況可能常是相反的：就許多問題而言，我們**只**能取得和過去有關的充足資訊。官方和非官方的機密檔案，以及公共關係的普遍應用，是我們在判斷關於過去及現在的資訊是否可靠時，一定要考量的當代事實。總之，這樣的反對只是方法論禁制的另一種版本，也常是政治緘默者「無知主義」（know-nothing）意識形態的一大特徵。

二

比歷史學家有多大成分是社會科學家或該有何種作為更重要的，是這個引發更大爭議的論點：社會科學本身就是歷史學科。社會科學家為完成任務，甚至清楚陳述任務，必須使用史料。除非假設有人採用某種超歷史的歷史本質論，或社會人是與歷史無關的實體，否則沒有社會科學都可以跨越歷史。所有名副其實的社會學都是「歷史社會學」。套用史威齊（Paul Sweezy）[121]一句精采絕倫的話：社會學是一種把「現在寫成歷史」的嘗試。歷史和社會學之所以關係如此密切，有數個理由：

（一）在陳述將要解釋的內容時，我們需要更完整的視野，而這需要認識人類社會的歷史多樣性。同一個既定問題——例如民族主義形式與軍國主義類型的關係——若屬於不同社會、不同時期，往往必須給予不同的答案，這意味著這個問題本身必須重新建構。我們需要歷史提供的多樣性才能適切地提出社會學問題，更別說回答問題了。我們提供的答案或解釋就算不到十之八九，也通常是以比較為依據。不論我們是要研究奴隸制度的形式，犯罪的特定意義，家庭、農業社區或集體農場的類型，都需要比較，才能理解那些事物的基本情境。在不同的情境中，我們對感興趣的事物都必須加以觀察，否則就會受限於膚淺的描述。

要超越膚淺的描述，我們必須研究社會結構的涵蓋範圍，包括歷史上與當代的社會結構。如果我們不考慮範圍——這當然不是指所有現存的案例——我們的陳述就無法在經驗上完備。那些也許可以在社會的數種特徵中取得的規律性或關係，也無法清楚地分辨出來。簡單地說，歷史類型是我們研究對象非常重要的部分，對於解釋那些事物也是不可或缺。在研究中排除這樣的資料——記錄人類已經做了什麼、呈現樣貌——就像假裝研究分娩過程卻忽視母職一樣。

如果我們劃地自限於當代社會（通常是西方社會）的一個國家單位，就不可能寄望理解人類類型和社會制度間許多真正根本性的差異。這個普遍真理對社會科學的研究有一個特殊意義：在任何社會的典型時間點，往往有非常多公分母，如信仰、價值觀、制度形式等，無論我們的研究有多詳盡、多精確，

121【譯者注】史威齊（一九一〇——二〇〇四）是美國馬克思主義經濟學者，也是主流經濟學期刊《經濟研究評論》（*The Review of Economic Studies*）的創辦人之一。

都找不出這個社會、這個時間點的各種人和各種制度之間真正重大的差異。事實上，這種一時一地的研究通常會假設或暗示一種同質性，而這種同質性——如果真的有的話——非常需要**被看作一個問題**。那不可能像目前的研究實務常做的，被簡化為抽樣程序的問題。在一時一地條件下，根本無法建構問題。

各個社會的差異，似乎隨著特定現象的變異範圍，以及較廣泛而言，社會同質性程度而定。如金斯堡（Morris Ginsberg）[122]所言，如果我們研究對象「充分展現了同一社會，或同一時期內的個別差異，或許不必走出那個社會或脫離那個時期，就能建立真正的關聯性」。[123]情況往往如此，但通常又沒有確定到可做這樣的假設；要了解那是否真確，通常必須將我們的研究設計為各種社會結構之比較。要適切地做到這點，通常需要我們善用歷史提供的多樣性。除非我們對當代社會及歷史社會的範圍進行比較性的思考，否則，根本不可能充分陳述社會同質性的問題——例如現代大眾社會中，或恰恰相反，傳統社會中的同質性——更別說適切地回答了。

例如，不做這樣的比較研究，諸如「民眾」或「民意」等政治學重要主題的意義，就不可能弄得清楚。如果我們研究範圍不夠廣泛，往往注定造成膚淺或誤解的結果。比如我認為沒有人會爭辯這句話：政治冷漠是當代西方社會政治的主要事實之一。但在非比較性、非歷史性的「選民政治心理學」的研究中，我們甚至找不到真正能納入政治冷漠的「選民」——或「政治人」——類別。事實上，這種具歷史特殊性（historical specificity）的政治冷漠概念，是無法透過這種尋常的選舉研究加以建構，就更別說它的意義了。

說前工業化世界的農民「政治冷漠」的意義，跟說現代大眾社會的民眾「政治冷漠」不一樣。首先，這兩種社會的政治制度對生活方式及生活條件的重要性就不一樣。其次，兩種社會正式參與政治的機會也不一樣。再其次，在現代西方的中產階級民主過程喚起對政治參與的期待，不常出現在前工業化的世界中。要了解「政治冷漠」，要解釋它、要領略它對現代社會的意義，我們需要考慮形形色色的冷漠類型與條件，而要能考慮到這些，就必須檢視歷史性和比較性的資料。

（二）非關歷史（a-historical）的研究通常會變成有限環境的靜態或短期的研究。難免如此，因為我們總要在大結構發生變遷時才容易察覺它們的存在，而我們唯有拓寬視野、涵蓋適合的歷史階段時，才會感受到這樣的變遷。因此，要理解小情境和大結構如何交互影響，要理解在這些小情境有哪些重要因素起作用，我們需要處理史料。要認識結構——無論這個重要術語的意義為何——並適當地陳述小情境裡的煩惱和問題，我們需要把社會科學視為歷史學科，並付諸實踐。

歷史研究不只是提升我們對結構的了解；沒有史料，我們根本無法寄望理解任何一個社會，即使是靜止的社會狀態也不成。任何社會的意象都具有歷史特殊性。馬克思所謂的「歷史特殊性原理」（principle of historical specificity）首先指的就是這樣的準則：任一特定社會都要根據它存在的特定時期來了解。不論「時期」定義為何，在任一特定時期盛行的制度、意識形態和兩性的類型都建構了一種獨

122【譯者注】金斯堡（一八八九—一九七〇）為英國社會學家，也是英國社會學協會（British Sociological Association）首任主席。

123【作者注】請參閱金斯堡：《社會學與社會哲學論文集》（*Essays in Sociology and Social Philosophy*）第二卷，頁三九，一九五六年。

一無二的模式。這不代表這樣的歷史類型不能跟其他類型比較，當然也不代表這個模式只能憑直覺領會。但這確實意味著——也是這個原則的第二層指涉——在這個歷史類型中，各種變遷機制會來到某種特殊的交會點。曼海姆——跟隨彌爾——稱這些機制為**媒介原理**（principia media），就是關注社會結構的社會科學家希望掌握的機制。

早期社會理論家試著闡述不變的社會法則——適用於所有社會的法則，就像物理學的抽象程序導出「大自然」豐富性質的法則。我相信，任何社會科學家所陳述的「法則」都不是歷史的，都不能和某個時期的特定結構毫無關係。其他「法則」都是空洞的抽象或令人困惑的套套邏輯（tautology）。「社會法則」，乃至「社會規律」的唯一意義，是在某個特定歷史時期、某個社會結構，我們可能發現或建構——如果你想用這個字眼——的「媒介原理」。我們不知道歷史變遷的普遍原則；我們確實知道的變遷機制會隨著我們檢視的社會結構而異。因為歷史變遷就是社會結構的變遷，就是其結構組成部分相互關係的變遷。正如社會結構形形色色，歷史變遷的原則也不一而足。

（三）要了解一個社會，通常必須先認識它的歷史，這個事實對經濟學家、政治學家或社會學家而言已變得相當明確——一旦他們離開先進工業國家，去檢視不同社會結構，如中東、亞洲、非洲的制度，便會明白。在研究「自己的國家」時，他們常夾帶歷史；歷史的知識體現在他們運用的概念中。當他們採用更廣的範圍，當他們開始比較，就會更加明白，歷史性是他們想了解的一部分，而不僅是「一般背景」而已。

在我們的時代，西方社會的問題幾乎無可避免地成為全世界的問題。或許我們這個時代一個決定性的特徵是，史上第一次，它所包含形形色色的社會世界之間有嚴肅、迅速且明顯的交互作用。我們這個時代的研究必須比較研究這些社會世界及其互動關係。或許這就是為什麼曾是人類學家的「異國領域」，已成為世界「低度開發國家」，而經濟學家，不少於政治學家和社會學家，已將之納入研究對象。這也可以解釋為什麼現今有些成果卓越的社會學是針對世界各地的研究作品。

比較研究和歷史研究彼此深深交織在一起。你無法透過單調、無時間性的比較來理解現今存在於世的低度開發國家、共產主義和資本主義政治經濟體。你必須擴大分析的時間範圍。要了解和解釋現今所見的比較事實，你必須知道歷史階段，以及造成速度、方向不一的發展（或停滯）的歷史因素。例如你必須明白為什麼西方人十六、十七世紀在北美洲和澳大利亞建立的殖民地最終成為工業興盛的資本主義國家，但在印度、拉丁美洲和非洲的殖民地直到步入二十世紀，依舊貧窮、務農、低度開發。

因此，史觀會促成不同社會的比較研究：光靠某個現代西方國家的歷史，你無法了解或解釋那個國家經歷的主要階段及現狀。我的意思是：不只是在歷史事實中和其他社會的發展相互影響，也包括不透過與其他社會比較和對照來加以理解，我們無法建構任何社會結構的歷史學和社會學問題。

（四）就算我們的研究不具有明確的比較性質——就算我們關注的是某國社會結構的有限範疇——我們也需要史料。唯有透過不必要的違背社會現實的抽象手法，我們才能凍結某些未成定局的歷史時刻。我們當然可以建構靜態的概觀甚至全景，但無法以這樣的建構為結論。既然明白我們正研究的是時時在變化的事物，我們必須在最簡單的描述層次問：顯著的趨勢是什麼？要回答這個問題，我們至少必須敘述「從哪裡來」和「往哪裡去」。

我們對趨勢的敘述可以著眼於短期或長程；那當然取決於研究目的。但通常，無論任何規模，我們會發現自己需要相當長期的趨勢。觀察較長期的趨勢通常有其必要，就算只是為了克服歷史編狹主義（historical provincialism）：假設現在是某種自主的存在。

如果我們想理解當代社會結構的動態變遷，就必須試著認識它較長期的發展，並依此提問：這些趨勢是透過什麼樣的機制發生的，這個社會的結構是透過什麼樣的機制變遷的？就是在諸如此類的問題中，我們對趨勢的關注達到高潮。這個高潮跟歷史從一個時代過渡到另一個時代的轉折有關，也和我們或可稱為時代結構的事物有關。

社會科學家希望理解目前時代的本質、勾勒它的結構、找出在結構內運作的主要力量。每一個適當界定的時代都是「一個可理解的研究領域」，會透露它獨有的歷史發展的機制。例如，權力菁英在創造歷史方面扮演的角色，就會隨著決策的制度性工具集中化的程度不同，而有所差異。

關於「現代時期」的結構與動力的觀念，以及它可能具有哪些本質與特色，儘管常不被承認，卻是社會科學的核心。政治學家研究現代國家；經濟學家研究現代資本主義。社會學家——特別是在和馬克思主義辯證時——根據「現代的特徵」提出許多問題，人類學家則運用他們對現代世界的敏銳感受來檢視無文字的社會。事實上，現代社會科學——政治學、經濟學不亞於社會學——的古典問題或許和一種頗為特殊的歷史詮釋有關：對現代西方都市工業社會之崛起、組成要素及樣貌的詮釋——通常與封建時代相比。

社會科學最常運用的許多概念都跟歷史從封建時代的農業社區過渡到現代都市社會有關。梅恩（Henry Maine）[124]的「身分」和「契約」、滕尼斯（Ferdinand Tönnies）[125]的「社區」和「社會」、韋伯的「地位」和「階級」、聖西蒙（St. Simon）[126]的「三階段」、史賓賽的「軍事」與「工業」、帕雷托（Vilfredo Pareto）[127]的「菁英循環」、顧里（Charles Cooley）[128]的「初級和次級群體」、涂爾幹的「機械」與「有機」、雷菲爾德（Robert Redfield）[129]的「鄉土」與「城市」、貝克爾（Carl Becker）[130]的「神聖」與「世俗」、拉斯威爾的「協商社會」與「警備國家」——這些，無論在使用時如何歸納，都是根源於歷史的概念。就連那些相信自己的研究與歷史無關的人，也透過運用這些概念表達了某種歷史趨勢的看法，甚至是時代感。

我們正是應該根據這種對「現代時期」的形貌與動態以及其危機本質的警覺，來了解社會科學家對「趨勢」的標準考量。我們研究趨勢是為了洞悉本質和有條理地理解事件。在這樣的研究中，我們常試著把焦點擺在各種趨勢的不久之後的未來，而更重要的是同時察看所有趨勢，看它們在整體時代結構的動力。當然，在學術上，一次辨認一種趨勢、保持分散，比花費工夫整體察看來得容易（這在政治上也比較可取）。對那些撰寫力求面面俱到的小品文、先寫寫這個趨勢再寫寫那個趨勢的經驗主義者來說，

124【譯者注】梅恩（一八二二—一八八八）為英國法學家及史學家。
125【譯者注】滕尼斯（一八五五—一九三六）為德國社會學家。
126【譯者注】聖西蒙（一七六〇—一八二五）為法國政治及經濟理論家，其思想對政治學、經濟學、社會學及科學哲學都有深遠的影響。
127【譯者注】帕雷托（一八四八—一九二三）為義大利經濟學家及社會學家，在收入分配方面有獨到研究。
128【譯者注】顧里（一八六四—一九二九）為美國社會學家。
129【譯者注】雷菲爾德（一八九七—一九五八）是美國人類學家和民族語言學家。
130【譯者注】貝克爾（一九二八—）為美國社會學家。

「整體觀照」的嘗試看來如同「極端分子的浮誇」。

當然，「整體觀照」的嘗試**有**許多學術方面的危險。首先，一個人視為整體的東西，另一個人認為只是部分，而有時候，因為缺乏綜觀全局的眼光，這種嘗試會淪為描述。這種嘗試當然可能存有偏見，但我不認為它會比不參照任何有關整體觀念就選擇要詳加檢視的細節更偏頗，因為缺乏整體觀念的選擇必定是武斷的。在歷史導向的研究中，我們也容易把「預測」和「描述」混為一談。但這兩者本就無法清楚區分，也不是觀察趨勢的唯一方式。我們檢視趨勢可以是為了回答「我們要往哪裡去？」的問題——而這就是社會科學家常見的研究目的。這麼做的時候，我們是試著研究歷史而非退守歷史、試著注意當代趨勢而非「只當記者」、試著判斷這些趨勢的未來而不只是預言而已。這些都很難做到。我們必須記得我們**正在**處理史料，記得史料確實變化迅速，而且有反趨勢存在。我們也必須在以下兩者之間求取平衡：現在這個緊要關頭的立即性和了解特定趨勢對整個時代的意義一般性。但最重要的是，社會科學家要試著一併觀察數種主要趨勢——結構性地觀察，而非視為零散環境發生的事，再拼湊出了無新意的東西，也拼湊不起來。就是出自這個目標，趨勢研究對理解時代具有意義，而這需要我們完整、靈活地運用史料。

三

今天的社會科學有一種常見的「歷史用法」，其實比較像儀式而非真正的運用歷史。我指的就是俗稱「歷史背景簡述」、常做為當代社會研究序論的乏味填塞，以及號稱「賦予一段歷史解釋」的**特定**

（ad hoc）程序。這種仰賴單一社會過往的解釋，通常都不夠充分。關於這種「歷史用法」的解釋有三點該說明：

首先，我們必須承認，我們研究歷史常常是為了擺脫歷史。我的意思是，常被視為歷史解釋的陳述，更該被視為有待解釋的陳述之一。不只要解釋某件事物是「從過去延續至今的」，我們該問：「它為什麼會延續下來？」通常我們會發現，答案會因研究事物已經歷的階段而異；就其中每一個階段，我們可試著找出它扮演什麼角色，以及它為什麼、又是怎麼傳遞到下一個階段。

第二，在研究一個當代社會時，我認為通常不錯的規則是：在解釋社會的當代特徵時，能先著眼於那些特色在當代的功能。這意味著要定位這些特徵，將它們視為當代環境的一部分，甚至受到當代其他特徵的影響。就算只是要定義這些特徵，清楚劃定界限、讓其組成要素更明確，也最好是以比較狹窄——但仍基於史實——的時間範圍著手。

一些新佛洛伊德派的學者——最明顯的或許是荷妮（Karen Horney）[131]——似乎已經在個別成年人問題的研究中運用類似的程序。他們是在遍尋性格（character）的當代特徵與背景後，才回到基因、個人生命史的因素來。當然，人類學的功能學派和歷史學派之間有對這整件事的古典辯論。我想，其中一個理由是「歷史解釋」往往成為保守的意識形態：制度花了很長的時間演化，因此不該倉促竄改。另一個原因是歷史意識（historical consciousness）太容易變成某種激進意識形態的根源：制度畢竟是過渡性

131【譯者注】佛洛伊德（Sigmund Freud，一八五六—一九三九）為奧地利心理學家、精神分析學家、哲學家，被譽為「精神分析之父」。荷妮（一八八五—一九五二）是德國心理學家和精神病學家，新佛洛伊德派研究者。

的，因此這些特定制度並非永恆，對人類亦非「天性」；它們也會變遷。這些觀點常仰賴某種歷史決定論（historical determinism）甚至歷史必然性（inevitability），這可能導致無為的心境——以及關於歷史以往如何及可以如何建構，產生錯誤觀點。我並不想消除我曾努力取得的歷史感，但也不想採用保守或激進的歷史宿命論來支持我的解釋方式。我不認為「命運」是普遍的歷史範疇，這我之後會解釋。

我的最後一個論點更具爭議性，但如果這是事實，那就相當重要了。我相信，各時期和社會不同之處在於，要理解某個時期和社會是否需要直接參照「歷史因素」。特定社會在特定時期的歷史本質也許是這樣：「歷史上的過去」對於要理解當代，僅有間接相關。

當然，顯而易見的是，要了解一個困在貧窮、傳統、疾病和無知的循環裡好幾百年、幾近停滯的社會，我們需要研究該社會是因為哪些歷史背景以及持續不斷的歷史機制而嚴重受困於本身的歷史之中。要解釋那個循環以及每一階段的機制，則需要非常深入的歷史分析。而首先要解釋的，是完整循環的機制。

但比如美國或西北歐國家，或澳洲，以目前的狀況來看，並未陷於任何歷史循環鐵則中。那樣的循環——就像在赫勒敦（Ibn Khaldoun）[132]的沙漠世界中——[133]並未掌控這些國家。在我看來，以這種術語理解他們的嘗試已經失敗，而且事實上很容易變成超歷史的胡扯。

簡單地說，歷史的**相關性**本身受制於歷史特殊性的原則。我們或許可以說「世間萬物」一定「來自過去」，但「來自過去」一詞的意義就是爭議焦點。有時世界有相當新的事物，也就是說，「歷史」的確有時在重複，有時不會重複；那取決於我們關注的是哪個社會結構與歷史時期。[134]

這種社會學的歷史特殊性原則或可應用於今天的美國；在我們社會身處的這個時期，歷史解釋或許不像對其他社會和其他時期那麼重要——我相信這兩個觀念足以幫助我們理解美國社會科學的幾個重要特色：（一）為什麼許多社會科學家僅關注當代西方社會，或範圍更窄、僅關注美國，認為歷史研究與他們的工作無關；（二）為什麼有些歷史學家現在——在我看來有點瘋狂——在談科學的歷史學，並試著在研究運用非常拘泥形式、甚至明顯脫離歷史的技術；（三）為什麼其他歷史學家常給我們這種印象——特別是在星期日增刊中——歷史是胡說八道，只是為當前（自由主義與保守主義）意識形態創造關於過去的迷思。美國的過去或許確實是幸福意象的美好源泉；而——如果我對當代史與歷史沒太大關係的評論正確的話——那個事實會讓歷史更容易淪為意識形態的工具。

132【譯者注】赫勒敦（一三三二—一四〇六）為中世紀阿拉伯穆斯林學者、史學家、經濟學家、社會學家，被稱為歷史哲學之父。

133【作者注】請參閱馬赫迪（Muhsin Mahdi），《赫勒敦的歷史哲學》（*Ibn Khaldoun's Philosophy of History*）及《歷史論文》（*Historical Essays*），後者包含特雷弗—羅珀（H. R. Trevor-Roper）發人深省的評論。

134【作者注】我在一份精采絕倫、關於勞動史類型的紀錄中看到支持的論據，例如蓋倫森（Walter Galenson）：「……若缺乏重要的新資料……耕耘舊地的邊際收益（marginal revenue）……多半很小……但這不是唯一將焦點集中於較近期事件的唯一理由。當代勞工運動與三十年前的勞工運動，不論在量及質上都不一樣。一九三〇年代以前，勞工運動屬於派系性質；它的決策不是重要的經濟因素，且較關注狹隘的內部問題勝過國家政策。」（蓋倫森：〈對勞動史寫作之省思〉〔Reflections on the Writing of Labor History〕，《工業與勞動關係評論》〔*Industrial and Labor Relations Review*〕）當然，在人類學方面，「功能」與「歷史」解釋之間的辯論由來已久。多數時候人類學家必須重視功能是因為他們找不到任何東西與他們所檢視「文化」的歷史有關。他們確實必須從現在解釋現在，在社會各種當代特徵有意義的相互關係中尋求解釋。欲見近期有洞察力的討論，請參閱蓋爾納（Ernest Gellner）：〈社會人類的時間和理論〉（Time and Theory in Social Anthropology），刊載於《心智》（*Mind*）一九五八年四月號。

歷史研究與社會科學的任務和展望之相關性當然不限於這種「美式」社會結構的「歷史解釋」。此外，歷史解釋的相關性是變動的，本身也是一種歷史觀念，必須在歷史的基礎上辯論和測試。甚至對這種類型的當代社會來說，歷史的不相關性也很容易被高估。唯有透過比較性的研究，我們才能明白一個社會的哪些歷史時期**缺席**（absence），而通常必須知道這點，才有辦法理解這個社會的現狀。封建時代缺席是美國社會許多特徵的必要條件，其中包括其菁英分子的性格及社會地位極高的流動性——這常被誤以為美國缺少階級結構和「缺乏階級意識」。社會科學家可能——事實上，現在很多人這樣做——試著藉由過分拘泥**大概念**和技巧，來迴避歷史。但要這般嘗試，必須假設歷史和社會的本質，而這種假設既無成果亦不真確。這樣的退縮讓我們不可能——我選這個詞是相當慎重的——精確地理解這個社會最當代的特徵，這是一種歷史結構，一種除非我們遵循歷史特殊性的社會學原則，否則無法寄望理解的歷史結構。

四

在許多方面，社會心理學和歷史心理學的問題，都是我們可以研究的問題中最引人入勝的。我們這個時代主要的學術傳統，即西方文明的主要學術傳統，就是在這個領域來到最令人興奮的匯聚點。就是在這個領域，「人性本質」——承襲自啟蒙時代對人的一般印象——已經在我們這個時代因極權政府的崛起、民族志相對論（ethnographic relativism）、人類非理性的雄厚潛力被發現，以及男男女女顯然可以非常迅速被歷史改造的事實而成為問題。

我們已經明白，要理解男男女女的傳記，理解他們成為形形色色的個體，就不能忽略建構人們日常生活情境的歷史結構。歷史的轉變不僅為個人的生活方式，也為個人性格——人類的限制與可能性——帶來意義。動態的民族國家做為創造歷史的單位，也是創造人的單位，各樣男男女女在其中被選擇、編組、解放和壓抑。這就是為什麼國與國間、集團國家與集團國家之間的鬥爭，同時也是各色人類之間的鬥爭，最終將盛行於中東、印度、中國與美國；就是文化和政治的關係現在如此密切的原因；也是我們迫切需要社會學的想像的原因。因為若把「人」視為孤立的生物體、視為反射作用或本能反應的集合、視為一個自給自足的「可理解領域」或系統，我們就不可能適當地理解人。不論人可能是什麼，人都是社會和歷史的行動者，必須透過社會和歷史結構密切而複雜的互動才能有所理解。

當然，關於「心理學」和「社會科學」關係的爭論沒完沒了。多數爭論都是試著在形式上整合林林總總關於「個人」和「群體」的觀念。無疑地，這種論證在某些方面對某些人有用；所幸，在我們試著建構社會科學的範圍時，不會受這種論證影響。不管心理學家如何界定他們的工作領域，經濟學家、政治學家、人類學家和歷史學家在研究人類社會時，都必須做出關於「人性」的假設。現在這些假設常歸入「社會心理學」這個邊緣的學科。

世人對這個領域愈來愈感興趣，因為心理學一如歷史，對社會科學的研究是如此根本，倘若心理學家尚未著手探討相關問題，社會學家就會自己成為心理學家。長久以來是社會科學家中最形式化的經濟學家，已愈來愈明白過去享樂主義、精於算計的「經濟人」不能再被想當然地認定為研究經濟制度充分適切的心理學基礎。人類學之中萌生了一股對「人格和文化」的強烈興趣；社會學及心理學之中，「社會心理學」現在成了熱門的研究領域。

因應這些學術發展，有些心理學家已著手於某種「社會心理學」研究；其他人則試著以不同方式重新定義心理學，以便保留一個有別於明顯社會因素的研究領域，還有人把活動限定在人類生理學的研究。我不想在這裡檢視心理學這個目前四分五裂的領域裡的學術專業分工，更不想妄加評斷。

有一種心理的省思尚未被學院心理學家明確接受，但仍對他們——以及我們整個學院生活——造成影響。在精神分析，尤其是佛洛伊德本人的作品中，人性本質的問題得到最廣義的陳述。簡單地說，在上一個世代，較不死板的精神分析家及受其影響者向前踏出兩大步：

首先，他們超越了個別有機體的生理學，開始研究發生那種上演可怕聳動劇情的小家庭圈。佛洛伊德或許可說從一個出乎意料的觀點——醫學——發現了在雙親家庭裡的個人分析的新途徑。當然，當時人們本已注意到家庭對人的「影響」；新鮮的是，在佛洛伊德看來，家庭做為一種社會制度，已成為個人內在性格與人生命運的根本要素。

其次，精神分析稜鏡中的社會因素已被放大甚多，尤其是透過必須稱為超我（super-ego）的社會學研究。在美國，精神分析傳統結合了一種源頭相當不一樣的傳統——那很早就在米德（George H. Mead）[135]的社會行為論開出花朵。但隨後便遇上限制，或舉棋不定。現在人們清楚見到小規模情境的「人際關係」，卻沒有見到這些關係本身——以及個人本身——所位處更廣大的脈絡。當然不乏例外，特別是弗洛姆（Erich Fromm）[136]已連結經濟制度和宗教制度，查探它們對各種人的意義。精神分析學者普遍舉棋不定的原因之一，是他扮演的社會角色受到限制：就專業而言，他的工作、他的觀點都和個別病人密不可分；在執業的專業條件下，他能立刻意識到的問題受限。很可惜，精神分析尚未成為學術研究穩固而不可或缺的一部分。[137]

精神分析研究的下一步，是深入探討其他制度領域，如同佛洛伊德起家而卓然有成的特定親屬制度的研究。我們都必須把社會結構視為制度秩序的組成要素：對每一種秩序做心理方面的研究，像佛洛伊德研究特定親屬制度那樣。在精神醫學——對「人際」關係的實際治療上——我們已經提出一個重要的麻煩問題：精神醫學將價值觀和規範根植於個人**自身**的需求。但要是不仔細參照社會現實就無法理解個人的本質，我們就必須在這樣的參照中加以分析。這樣的分析不僅包括在各種人際環境之中找出做為傳記主體的個人的定位——還要找出在這些環境所形成的社會結構中的定位。

五

現在，我們有可能在精神分析以及整體社會心理學發展的基礎上，簡潔地陳述社會科學的心理學關

135【譯者注】米德（一八六三——一九三一）是美國哲學家、社會學家與心理學家，被公認為社會心理學的創始人之一。

136【譯者注】弗洛姆（一九〇〇——一九八〇）是美國籍的德國猶太人，人本主義哲學家和精神分析心理學家。

137【作者注】產生崇拜「人際關係」傾向的另一個主要原因是「文化」一詞海綿般的性質和局限，人們大都依照「文化」來辨識和主張人類心靈深處的社會因素。相較於社會結構，「文化」的概念是社會科學裡吸收力最強的詞語，或許正因如此，也在專家手中用途甚廣。實際上，比起較充分的社會結構思想，「文化」的觀念多半較寬鬆，指的是社會環境加「傳統」。

懷。在這裡，我僅以最簡單的摘要，列出我視為最有啟發性的命題，或起碼是做研究的社會科學家而言相當合理的假設。[138]

不先了解個人傳記在哪一種制度中上演，就無法充分理解一個人的生活。因為這部傳記記錄了他是怎麼獲得、扔棄、修改某個角色，以及如何以非常私人的方式從一個角色轉換成另一個角色。這個人是在某類家庭裡的孩子，某類兒童群體的玩伴、學生、工人、將領、母親。人的一生大都是由在特定制度中扮演這些角色組成。要了解一個人的傳記，我們必須理解他已經扮演、正在扮演的各種角色的重要性和意義；要理解這些角色，我們必須理解這些角色是在什麼樣的制度中扮演。

但這個把人看作社會動物的觀點，可帶領我們進行更深入的探討一部傳記，而不僅是了解一連串社會角色組成的外部傳記。這種觀點需要我們理解人最內在、最「心理學」的特色，特別是他的自我形象、他的良知，以及他的心智成長。近期心理學和社會科學最激進的發現，很可能是發現人竟然有那麼多最私人的特色是被社會定型，甚至灌輸的。在人的腺體和神經系統的最大界限內，要理解愛恨怒懼等情緒及其種種變形，必須密切、不斷參照那些情緒被感受和表達的社會傳記與社會脈絡。在感官生理學的最大界限內，我們對物理世界的感知，我們辨別的顏色、聞到的氣味、聽到的聲音，都受社會制約。人的動機，甚至那些動機讓不同類型的人感受到的不同程度，都要根據社會流行的動機語彙、社會的變遷以及這樣的語彙的結合來理解。

個人的傳記和性格不能僅透過情境來理解，所以當然不能只考慮早期的生活環境——幼兒期和童年的環境。要充分理解，我們必須領略這些親近環境與較大架構之間的交互作用，必須考慮這個架構的轉變，以及對情境的後續影響。一旦理解社會結構和結構變遷對親近場景和經驗造成的影響，我們就能理解個人行為與情緒的成因——就算處於特定情境中的個人對此渾然不知。要檢驗我們對某一類型的人的概念是否恰當，不能只看這一類的個人是否覺得概念符合他們的自我形象。因為人活在受限的生活情境，人不會知道他們境況的所有成因及自我形象的界限，我們也無法預期他們知道。能以真正夠深刻的眼光觀察自己和自身社會位置的人類群體少之又少。而某些社會科學家所用方法常做的假設，就是假設人類具有高度理性的自覺和自知——就連十八世紀的心理學家也不會認同的這種高度。韋伯的「清教徒」概念：清教徒在宗教、經濟制度中具有的動機和功能，讓我們比清教徒本身更了解清教徒：韋伯對結構觀念之運用，讓他得以超越「個人」對自己及所處環境的認識。

早年經驗的相關性、童年在成年性格心理學中的「重量」，本身就和不同社會的主流童年類型及社會傳記類型有關。例如現在相當明確的是：「父親」在塑造個人人格方面扮演的角色，必須在特定家庭類型的範圍裡陳述，並且要考慮那樣的家庭類型在所屬社會結構中的定位。

要塑造社會結構的觀念，不能僅透過對特定一群人以及他們對所處環境的反應的觀念或事實。若試著以有關「個人」的心理學理論為基礎來解釋社會和歷史事件，常需仰賴這樣的假設：社會不過是一大群分散的個人，因此，如果我們知道這些「原子」的一切，就能以某種方式加總資訊，進而認識社會。這不是個有成效的假設。事實上，透過把個人視為社會孤立生物來研究的心理學，我們根本不可

138【作者注】關於在這裡表達的觀點，欲見更詳細的討論，請參閱葛斯和米爾斯合著之《人格與社會結構》。

能增進對人的理解，即使只是想知道什麼對「個人」是最基本的要素。除了在抽象的模型建構中——這模型當然可能有用——否則經濟學家不能假設經濟人；研究家庭生活的精神病學家（實際上幾乎所有精神病學家都是這一個社會領域的專家）也不能假設男人都是伊底帕斯人（Oedipal Man）。[139]因為正如經濟角色和政治角色的結構關係現在常是理解個人經濟行為的關鍵，自維多利亞父權時期（Victorian fatherhood）以來，家庭成員的角色發生劇烈變化，以及家庭做為現代社會制度的地位出現大幅轉變，也是理解個人行為的決定性因素。

歷史特殊性的原則適用於社會科學，亦適用於心理學。就連人類內在生活相當私密的特徵，最好的闡述也是在特定歷史脈絡下建構問題。要明白這是完全合理的假設，我們只需要花片刻工夫反省男男女女在人類歷史過程展現的多樣性。心理學家以及社會科學家，確實需要在完成任何主詞為「人」的句子前仔細思量一番。

人類是如此多樣化，以至於我們所知的「基本」心理學、「本能」論或「基本人性」原則都不足以解釋人有數不清的類型及個人的多樣性。除了人類生活的社會—歷史現實固有的事物，人類任何能討論的特性，指的都是人類在生物學的廣大極限和潛能。但我們也面對一幅在人類極限的範圍內、自人類潛能萌生出來的人的多樣性全景。嘗試用「基本人性」的理論解釋這幅全景，就是將人類歷史本身局限在一個了無生氣、關於「人性」大概念的小籠子裡——描述一些精確而不重要的瑣事，就像迷宮裡的老鼠。

巴潤和葛拉夫評論道：「金賽（Alfred Kinsey）博士[140]的名著《男性性行為》（*Sexual Behavior in the Human Male*）的書名就是隱含假設——在這個例子是謬誤的假設——的顯著例子：這本書寫的不是人

類的男性，而是二十世紀中葉在美國的男性……『人性』的觀念是社會科學的一個假設，若宣稱人性構成該報告的主題，就是誤將前提做為結論。我們也許只有『人類文化』這個反覆無常的東西，別無他物。」[141]

某種人類共有的「人性」的看法違背了審慎的人文研究所需要的社會及歷史的特殊性原則；起碼，社會學者還沒有權利提出這樣的抽象概念。當然，我們該牢記我們其實對人了解不多，記得我們確實具有的一切知識，尚未徹底去除籠罩人的多樣性的神祕因素——在歷史及傳記中展現的多樣性。有時候我們的確想要在沉浸在神祕中、感受我們畢竟是神祕的一部分，或許也應該如此；但做為西方人，我們將免不了要研究人的多樣性。對我們來說，這就意味著要將神祕自觀點中抹去。這麼做的時候，千萬別忘記我們正在研究什麼，別忘記我們對於人、對歷史、對傳記、對我們既是受造者也是創造者的社會，簡直一無所悉。

139【譯者注】伊底帕斯是希臘神話中底比斯（Thebes）的國王，無意中殺死自己的父親並娶了自己的母親。佛洛伊德以「伊底帕斯情結」描述兒童因渴望占有異性的父母，而對同性的父母抱持競爭、嫉妒和憎恨的心理。亦常被廣義引伸為「戀母情結」。

140【譯者注】金賽（一八九四——一九五六）為美國生物學家及人類性科學研究者，著有《男性性行為》和《女性性行為》——統稱《金賽報告》，也設計了廣為人知的金賽量表。

141【作者注】請參閱巴潤和葛拉夫合著之《現代研究人員》，頁二二二——三。

第九章——論理性與自由

社會科學家關注歷史的最高點，在於他對自己生活的時代產生了想法。社會科學家關注傳記的最高點，在於他對基本人性，以及基本人性的轉變受歷史進程所限制，產生了看法。

所有古典社會科學家都關注本身時代的顯著特色——以及歷史在這個時代裡如何建構的問題；關注「人性的本質」——以及在該時代蔚為主流的類型人。馬克思和桑巴特（Werner Sombart）[142]和韋伯、孔德和史賓賽、涂爾幹和范伯倫、曼海姆、熊彼得和米契爾斯（Roberts Michels）[143]——每個人都以自己的方式面對這些問題。但在我們當前的時代，許多社會科學家卻不正視這些問題。但現在，就在二十世紀的後半，這些關注變得像公共議題一般迫切、像個人煩惱一般頑強，對我們人文研究的文化取向也極其重要。

142【譯者注】桑巴特（一八六三——一九四一）是德國經濟學家和社會學家，「歷史學派」最後的代表人物。

143【譯者注】米契爾斯（一八七六——一九三六）為德國社會學家，著力於描述菁英的政治行為。

一

現在，每個地方的人都冀望了解自己身在何方、可能去向何處，可以為歷史上的現在做些什麼、為未來盡什麼責任。像這樣的問題，沒有人能有一勞永逸的答案。每個時代都有自己的答案。但現在對我們來說是個難題。此時此刻，我們已來到一個時代的尾聲，必須找出自己的答案。

我們正處在所謂「現代」的尾聲。正如古代之後跟著數百年的東方優越期——西方人自我中心地稱之「黑暗時代」——如今，「現代」將被一個後現代時期接替。或許我們可以稱之「第四紀」（The Fourth Epoch）。

一個時代的結束和另一個時代的開頭當然是定義問題。但定義，一如每件社會事物，也有其歷史的特殊性。而現在我們對社會和我們自己的基本定義，正被新的現實趕上。我指的不只是人從未在一個世代裡，如此徹底地暴露於這般日新月異又翻天覆地的變遷，也不只是指我們感覺自己正處於劃時代的轉型期，又難以看清我們認為自己就要進入的新世代的輪廓。我是指，當我們試著——如果真的嘗試——為自己找方向，就會發現，我們有太多舊有的期待和意象，終究受到歷史的束縛：有太多思想和感覺的標準類別有時能協助我們解釋身邊發生的事，有時又害我們迷失方向。我們有太多解釋源自從中世紀過渡到現代的巨大歷史轉折；而一旦推論到今天的處境，就變得不靈活、不對題且不具說服力。我也是指，我們現今的兩大取向——自由主義和社會主義——實際上已經沒落，無法再充分解釋這個世界和我們自己。

這兩種意識形態都出自啟蒙時代，有許多共同的假設及價值。兩者都認為合理性的提升是擴大自由的首要條件。理性推動進步的解放觀念、信仰科學是純粹的善、平民教育的要求及相信它對民主的政治意義——這些啟蒙運動的理想都取決於這個樂觀的假設：理性和自由有內在的關係。對於形塑我們思考方式貢獻最多的思想家，都是依據這個假設推理。在佛洛伊德作品的每一個轉折和微言大義之下都存在這個假設：要獲得自由，個人必須有理性的覺醒；治療可協助個體自由運用理性於生命歷程中。同樣的假設支撐了馬克思研究的主幹：人，一旦被困在生產的非理性無政府狀態之中，就必須理性地察覺自己在社會的地位；一定要有「階級意識」——這個詞對馬克思主義者的意涵，就跟邊沁（Jeremy Bentham）[144]提出的任何術語一樣，是理性主義的產物。

自由主義向來把自由及理性視為人的最高事實；馬克思主義則認為人類在歷史的政治創造所扮演的角色中，它們是最高的事實。現代的自由主義者和激進主義者普遍相信，歷史以及個人的生命史都是自由的個人用理性創造。

但我相信，世上一直發生的事已凸顯了這幾點：為什麼自由和理性的觀念在當今新型資本主義與共產主義社會會顯得如此模稜兩可；為什麼馬克思主義會那麼常變成辯護與濫用科層制度的枯燥修辭；為什麼自由主義會變成一種無關緊要、掩蓋社會現實的方式。我相信，根據自由主義或馬克思主義對政治和文化的詮釋，都無法正確地理解我們這個時代的主要發展。這些思考方式成了省思現今已不存在的社會類型的準則。彌爾從未檢視過現今於資本主義世界新興的政治經濟類型。馬克思從來沒有分析過現今在共產主義集團出現的社會類型。兩人甚至沒有仔細思忖過所謂低度發展國家的問題——今天那些國家

144【譯者注】邊沁（一七四八—一八三二）是英國哲學家、法學家和社會改革家。

每十個人就有七個在為生存奮鬥。現在我們面對的是新的社會結構，就「現代」的理想而言，這些社會結構無法依據我們承繼的自由主義和社會主義加以分析。

從現代發展出來的第四紀，其意識形態的標記是：自由和理性的觀念都變得無實際意義了；不能再想當然地認定提升合理性就會提升自由。

二

理性在人類事務扮演的角色，以及自由的個體是理性活動中心的觀念，是二十世紀社會科學家承襲自啟蒙時代哲學家的最重要主題。倘若要維持它們做為指明個人煩惱和聚焦公共議題的關鍵價值，現在我們必須運用比早期思想家和研究者更精確、更易解的方式，把理性和自由的理想視為問題重新敘述。因為在我們的時代，理性和自由這兩種價值正面臨明顯但微妙的危險。

潛在的基本趨勢已眾所皆知。合理性的龐大組織——簡言之，科層——確實增加了，但個人的實質理性，整體而言並未增加。困在日常生活的有限環境，普通人常無法推想他們的情境是隸屬於哪個大結構——包括理性與不理性的結構。因此，他們常做出一連串看來理性的行動，卻不知道那些行動是為何目的，於是他們愈來愈懷疑，在上位者——就像托爾斯泰（Leo Tolstoy）[145]筆下的將軍——只是裝作自己什麼都知道罷了。隨著分工更細，這種組織繼續增長，開創愈來愈多很難或不可能進行理性思考的生活、工作和休閒等領域。例如軍人「毫釐不差地執行功能化理性的行動，卻不知道這項行動的最終目的」，或每一個舉動在整體裡的功能。[146]就連技術知識高超的人，或許能有效率地執行獲派的工作，卻不知道這即將催生出第一顆原子彈。

原來科學，不是技術的「基督復臨」（a technological Second Coming）。技術及其理性在一個社會被賦予中心地位，不代表人類過著理性的生活而完全沒有迷思、詐騙和迷信。教育普及或許反而導致技術白痴和民族主義的褊狹——而非見多識廣、獨立思考的智慧。歷史文化廣為傳布，或許不會提高文化感性的水準，反倒使之庸俗化——並且取代了創新的機會。高度發展的理性和技術不代表個體或社會的智慧有所提升。從前者不能推斷出後者。因為社會、技術或科層的合理性，不只是個體理性意志和能力的總和。事實上，取得那種意志和那種能力的機會，似乎往往不增反減。按合理性原則組織而成的社會安排，不見得是擴增自由的手段——對個人和社會皆然。事實上，這種安排往往是暴政和操控的工具：剝奪理性思考的機會，以及做為自由人行動的能力。

唯有從少數指揮職或——視情況而定——有利的位置，才可能在理性化的結構中理解作用於整體的結構性驅力，而這種驅力會影響普通人能充分認識的每一種有限情境。

形塑這些情境的驅力不是源於情境內部，也不是身陷情境中的人所能控制。另外，這些情境本身愈來愈理性化。家庭與工作，休閒與工作，街坊與國家——這些都動輒成為功能合乎理性的整體的一部分——或是受制於不受控、不理性的驅力。

145【譯者注】托爾斯泰（一八二八——一九一〇）是俄國小說家、哲學家、政治思想家，著有《戰爭與和平》（*War and Peace*）、《安娜・卡列尼娜》（*Anna Karenina*）等名作。

146【作者注】請參閱曼海姆所著之《人與社會》（*Man and Society*），頁五四。

社會逐漸理性化、這種理性化與理智之間產生矛盾、理性與自由同步這種假設徹底崩潰——在這些事態發展的同時，帶來了這個觀念：人有合理性（rationality）卻無理性（reason），愈來愈善於自我合理化（self-rationalized），也愈來愈不安。要好好陳述當代自由問題，就是要描述這種類型的人。但這樣的趨勢和懷疑往往未被視為問題，當然也沒有被認為是公共議題，或感覺是一連串的個人煩惱。事實上，這種類型的人的問題屢遭忽略、缺乏闡述的事實，正是當代自由與理性問題最重要的特色。

三

從個體的觀點來看，許多發生的事情似乎是操控、管理和盲目隨波逐流的結果；權威常隱而不顯；當權者通常覺得沒有必要清楚展現權威，進而合理化。這就是一般人一旦陷入煩惱或自覺面臨爭議時，無法找出明確的思考或行動目標的原因之一；他們無法判斷究竟是什麼危害了他們隱約覺得自己遵循的價值。

在理性化趨勢推波助瀾下，個人會「竭盡所能」。他會讓自己的抱負和工作配合身處的處境，而那是找不到出口的處境。最後，他乾脆不找出口：他適應了。工作之餘的生命，他會用來玩耍、消費、「找樂子」。但這個「消費」的層面也被理性化了。他除了與生產、與工作異化，也與消費、與真正的休閒異化。這種個人的適應，以及適應對情境和自我的影響，不僅使他失去理性思考的機會，也進而影響了理性思考的能力與意志。實際上，不論自由的價值或理性的價值，他看似一無所知。

這種已經適應的人不見得失去認知能力，就算在這樣的處境生活、工作、玩樂了好一段時間。曼海姆曾用「自我的理性化」（self-rationalization）來闡明這點。「自我的理性化」指個人若被困在理性的龐大組織內，便會開始有系統地管制自己的衝動和抱負、生活方式與思考模式，而嚴謹地遵循「組織的規則和紀律」。因此這個理性的組織是個導致異化的組織：是行為和省思的引導原則，最終連情緒都並非出於「宗教改革者」（the Reformation man）的個別良知中，也不是出自「笛卡兒信徒」（the Cartesian man）的獨立理性。事實上，這些引導原則與史上所有被理解為「個體性」的事物都不相容，甚至相互牴觸。這麼說並不為過：隨著合理性增長，以及合理性的發生地和掌控權從個人轉移到大規模的組織，情況發展到極端，多數人理性思考的機會將被摧毀殆盡。接著便是有合理性，而不再有理性。這樣的合理性不但與自由不相容，還會摧毀自由。

怪不得個體性的理想已開始動搖：在我們的時代，爭議的焦點是人的本質，我們所擁有關於人做為人的限制和可能性所抱持的意象。歷史尚未完成對「人性」的限制與意義之探索。我們不知道從現代進入當代，人的心理轉變有多深刻。但現在我們必須提出一個終極問題：在當代人中，或許可稱為「快樂的機器人」（The Cheerful Robot）的人，終將蔚為流行、甚至繁衍嗎？

我們當然知道，用化學和精神醫學的方式，或用穩定的強制和環境制約，可以將人變成機器人；不過，用隨機的壓力和無計畫的環境變化也可以。但我們可能讓他自願想要變成一個快樂的機器人嗎？他可能樂在其中嗎？而這種快樂、這種幸福的性質和意義又是什麼？光以人性的形而上觀點：假設在人做為人的內心深處，潛藏著對自由的渴望和理性的意志，已經行不通了。現在我們必須問的是：人性中，有什麼因素，在今天人類的處境中、每一種社會結構內，導致快樂機器人占得優勢呢？又有什麼能抵抗這股趨勢呢？

異化人（alienated man）的誕生，以及這個現象背後的所有相關論題，現在影響著我們整個嚴肅的學術生活，也導致我們在學術方面莫名不安。這是當代人類處境的主要論題，也是所有探討此情境的研究的主要論題。我不知道有哪個思想、論題、問題，比得上古典傳統的深刻——也和當代社會科學可能的缺陷糾纏得如此緊密。

這就是馬克思在早期論「異化」的文章中極其出色地洞察到的主題；是齊美爾在論〈大都會〉（The Metropolis）的知名論文中的主要關懷；華萊士（Graham Wallas）[147]則在《大社會》中察覺到這點。弗洛姆的「自動化」（automaton）概念也源於此。近來許多研究運用了「身分和契約」、「社區和社會」等古典社會學觀念，在在反映出對自動人將占盡上風的恐懼。這是諸如李斯曼「他人導向」（other-directed）和懷特「社會倫理」（social ethic）等概念的核心意義。當然，在最著名的例子，這類人的勝利——如果可以這麼說的話——是歐威爾《一九八四》的要旨。

從積極面來看——這在今天一籌莫展——佛洛伊德的「本我」（id）、馬克思的「自由」（Freiheit）、米德的「主我」（I）、荷妮「自發性」（spontaneity）等概念，基本旨趣都在於運用這些概念來抗衡異化人的勝利。他們試著在人做為人的本質中找出核心意義，這讓他們能夠相信人畢竟不可能被改造成，或說人終究不可能變成這樣的異化生物——對自然異化、對社會異化、對自我異化。他們試著維護杜絕異化人出現的可能性，呼籲「社區」正是其中一種嘗試——我認為這是錯誤的嘗試——而這是因為許多人文思想家逐漸相信，許多精神醫師經由執業，製造出這樣異化和自我合理化的人，因此他們拒絕精神醫學家協助病人調適的行為。上述一切——以及在傳統與現代從事嚴肅、感性的人的研究的學者抱持更多擔憂及思想——的背後，是這個簡單卻關鍵的事實：異化的人，是西方人印象中自由人的反面。滋長這個人、這部快樂機器人欣欣向榮的社會，是自由社會——或這個詞的字面意義，即民主社會——的反面。這個人的誕生，說明自由已成為煩惱、是公共議題和——讓我們如此希望——社會科學的問題。若就個人煩惱而言——個人感到不安，卻未意識到這個名詞和這種價值——就叫作「異化」。若就公共議題而言——人們多半對這些價值與關係漠不關心——那它就是不折不扣的民主社會議題，既是事實，也是期望。

正因現在這種議題和煩惱尚未被廣泛認清，事實上也尚未形成明確的煩惱和議題，蘊含其中的不安與漠然就有非常深遠的意義和效應。於政治脈絡看來，這就是當今自由問題的主要部分，也是當代社會科學家在建構自由問題時面臨的主要學術挑戰。

若說自由、理性的價值是化解煩惱、消弭抑鬱與異化的根本，這種說法很弔詭，卻意義深遠。無獨有偶，現代對於自由、理性構成的威脅，一般會造成公共議題，就是不夠明確——即導致冷漠，而非明白界定這些議題。

這些議題和煩惱未被闡明，是因為闡明這些議題和煩惱所需的主要能力和特性，就是目前受到威脅、逐漸凋零的自由和理性。就我在這本書批評的，不論煩惱或議題，都無法被建構成各種社會科學的問題。而運用古典社會科學，有相當大一部分，它們的前景就是建構這些問題。

147【譯者注】華萊士（一八五八—一九三二）是英國社會主義、社會心理學家、教育家、費邊社的領導人。

四

理性、自由危機所引發的煩惱和議題，當然不能建構為一個鉅型問題，但用微觀方法處置，把每一個都視為一連串受限於零散情境的小規模議題或煩惱，也非正面應對之道，遑論解決。煩惱和議題是結構性的問題，而要加以陳述，我們需要以古典語彙來研究人類的生命史和世代歷史。唯有如此，我們才能探查出是哪些結構與情境的關聯性在今天影響了這兩種價值，並進行因果分析。個體性的危機和歷史創造的危機；理性在自由的個體生活和歷史創造上扮演的角色——社會科學的展望，就存在於重新敘述和釐清闡明這些問題之中。

社會科學在道德和學術上的展望是：自由、理性仍是珍貴的價值，仍將被用於嚴肅、始終如一和充滿想像力地建構問題。但這也是俗稱西方文化在政治上的前景。在社會科學的範疇裡，我們這個時代的政治危機和學術危機重疊在一塊兒：在這個領域的嚴肅研究，等於是在另一個領域中研究。古典自由主義和古典社會主義的政治傳統，聯手占據了我們主要的政治傳統。這些傳統不再足以做為意識形態，與自由個體性的衰微和理性在人類事務所扮演角色的衰微有關。任何對自由主義和社會主義的目標所做的當代政治重述，都必須以某種社會觀念為中心：所有人在這個社會中，都會成為有實質理性的人，他們的獨立思考會對他們的社會、歷史和自身的命運造成結構性的影響。

社會科學家對社會結構的興趣，並非出自未來是由結構決定的觀點。我們研究人類決策的結構限制，是為了找出有效的干預點，以便了解，若要擴大某項明確的決策在歷史創造上的作用，哪些事物可能或必須進行結構性的轉變。我們會對歷史感到興趣，也不是因為認為未來無可避免，認為未來受過去束縛。活在某些社會類型中的人，不會對他們可能在未來創造的社會類型造成確切或絕對的限制。我們研究歷史是為了看出人類理性和人類自由如今可以創造歷史的可能方式。研究歷史社會結構的目的，簡單地說，是為了找出它存在的方式，以及可以掌控的方法。唯有如此，我們才能明白人類自由的限制與意義。

自由不僅是為所欲為的可能性；也不只是有機會在既定選項中做選擇。自由，是建構可行選項、據理力爭，再從中選擇的機會。因此，若不擴大理性在人類事務扮演的角色，自由就不可能存在。在個人的生命史和社會的歷史之中，理性的社會任務是形塑各種抉擇、擴展人類決策在歷史創造上的範圍。人類事務的未來不僅是一套可預測的變數組。未來是人們可以決定的——當然是在歷史可能性的範圍內。但這個可能性不是僵固的；在我們這個時代，歷史的範圍看來確實非常遼闊。

除此之外，自由的問題也在於如何做成未來人類事務的決定，又是由誰決定。就組織而言，自由的問題是公正的決策機制。就道德而言，自由的問題是政治責任的問題。就學術而言，自由的問題是人類事務可能有何前景的問題。但當今自由的問題的更大面向，涉及的不只是歷史的本質，以及明確決策在足以改變歷史進程的結構性機會；那也涉及人的本質以及「人的基本性質」不堪做為自由的價值之基礎的事實。自由的終極問題，是快樂機器人的問題，而今天它會以這個形式出現，是因為現在我們看來昭然若揭：**並非所有**人天生都**想要**自由；不是所有人都願意或能夠盡全力獲取自由需要的理性。

人們會在什麼情況下**想要**自由，且能夠自由行動呢？會在什麼情況下願意且能夠承受自由加諸身上的負擔，並且不把這些視為負擔，而視為樂於接受的自我轉化？用負面的說法：人們可能被塑造成想要變為**快樂的**機器人嗎？

在我們這個時代，我們難道不該面對這種可能性：做為一種社會事實，人類心智的品質和文化水準可能每下愈況，只是因為被排山倒海的技術器具淹沒，很少人察覺這個事實？那不就是有合理性、卻沒有理性的一種意義？不就是人性異化？不就是理性在人類事務中不再扮演任何自由的角色？技術器具的日積月累掩蓋了這些意義：使用器具的人不了解它們；發明器具的人也了解不多。那就是為什麼我們或許不能斬釘截鐵地將技術興盛視為人類品質和文化進步的指標。

要建構任何問題，我們必須陳述相關的價值和那些價值受到的威脅。因為這些被珍視的價值——例如自由和理性——所受到的威脅，正是所有社會研究的重要問題，也是所有公共議題和私人煩惱的道德要義。

與個體性文化問題有關的價值，相當合宜地體現於「具文藝復興精神者」（the Renaissance Man）的理想典型。那個理想受到的威脅，就是快樂機器人在我們之中逐漸占得上風。

與創造歷史的政治問題有關的價值，則體現於人類創造歷史的普羅米修斯理想（the Promethean ideal）。[148]那個理想所遭遇的威脅是雙方面的：一方面，可能不再有歷史的創造，人可能繼續放棄這種創造的努力，僅隨波逐流。另一方面，歷史確實可能被創造——只不過是由狹小的菁英圈子進行，他們不必對於受他們的決定與失職所波及的人負起責任。

對於我們這個時代的政治責任的問題，或快樂機器人的文化和政治問題，我不知道答案。但起碼要先正視問題才能找答案，是很明顯的。比其他人更該正視這些問題的，是富裕社會的社會科學家，也顯而易見。現在許多富裕社會的社會科學家卻不這麼做，這當然是我們這個時代的權貴不履行對人類的最大責任。

148【譯者注】普羅米修斯是希臘神話的神明，與智慧女神雅典娜共同創造人類，普羅米修斯用泥土捏塑出人的形狀，雅典娜則為泥人灌注靈魂，並教會人類知識。

第十章——論政治

社會科學家沒有必要任所處環境的「偶然事件」形塑其作品的政治意義，也沒有必要讓作品的用途被別有用心的人所決定。社會科學家絕對有權依照自己的方針討論作品的意義，並決定如何運用。相當程度上（不過大都未經驗證），他們可以影響甚至決定這些方針。要決定方針，他們需要針對理論、方法和事實做出明確的判斷。這些判斷做為方針，正是個人學者及同行理應關心之事。不過，隱含的道德和政治判斷，遠比個人和專業方針的明確討論更有影響力，不是很明顯嗎？唯有讓這些影響力透過辯論轉變成方針，人們才能充分意識到這些影響，進而努力控制它們對於社會科學的工作及其政治意義產生的作用。

任何社會科學家避免不了價值選擇，及其整體作品中隱含的價值。問題，一如議題和煩惱，涉及預期價值所受到的威脅，因此不認清那些價值，就不能建構問題。近來，愈來愈多研究和愈來愈多社會科學家為科層和意識形態的目的所用。正因如此，身為個人也身為專業人員，研究人和社會的學者要面對以下質疑：他們是否明白作品的用途和價值、這些是否歸他們本身掌控，以及他們是否想去掌控。他們怎麼回答、或無法回答這些問題，以及如何、能否把他們的答案應用在作品及專業上，會決定他們對這個最終問題的答案：在他們做為社會科學家所從事的研究中，他們是（一）在道德上具自主性；（二）受制於其他人的道德觀；或（三）在道德上隨波逐流。伴隨著這些問題的流行語——我出於善意的相信——已經不適用了。社會科學家現在必須真的正視這些至關重要的問題。在這一章，我會提出一些看似對思考問題的答案不可或缺的事物，也提出我近幾年想到深信合理的解答。

一

現任社會科學家不是突然面臨選擇價值的必要性。他的工作始終基於特定價值。這些學科現今體現的價值，是選自西方社會創造的價值；在其他地方，社會科學是舶來品。當然有些人說得一副他們選擇的價值「超越」西方或其他任何社會的樣子；有人提到他們的標準時，彷彿那些是現有社會「與生俱來」，只是潛力尚未發揮。但當然現在眾所公認，社會科學傳統固有的價值既不是超越的，也非與生俱來。這些價值不過是很多人宣稱的，在某些小圈子的有限範圍裡實踐。某個人宣稱的道德判斷，只是他企圖推廣他選擇的價值，讓其自己人也能運用。

在我看來，有三個主要的政治理想是社會科學的傳統，當然也涉及其學術的展望。第一個是真理、事實的價值。社會科學這種事業正是因為事實的決定，而具有政治意義。在一個胡說八道廣為流傳的世界，任何事實的陳述都具有政治與道德意涵。所有社會科學家，基於他們存在的事實，都被捲入啟蒙與蒙昧之間的鬥爭。在像我們這樣的世界，要從事社會科學，首先就要從事真理的政治（the politics of truth）。

但真理的政治並不能充分陳述引領我們事業的價值。我們研究結果的真理，我們調查的正確性——在其所處的社會情境中觀察時——可能跟人類事務有關，也可能無關。它是否相關，以及如何相關，本質上就是第二種價值，簡單地說，就是理性對人類事務扮演的角色的價值。這會帶來第三種價值——人類的自由，就算其意義曖昧不明。我已經提出過，自由與理性，正是西方世界文明的中心；兩者都被輕率宣稱為理想。但在實際應用上，不論做為標準或目標，兩者卻引發諸多爭論。這就是為什麼身為社會科學家，我們的學術任務之一便是釐清自由的理想與理性的理想。

如果人類的理性在歷史創造上扮演更大、更顯著的角色，社會科學家當然是它的主要承擔者。因為社會科學家在研究中展現如何運用理性來理解人類事務；那就是他們在做的事。如果他們想秉持良知研究和行動，首先要在學術職涯和當代的社會歷史結構內定位自己。必須在知識的社會領域裡定位，再將這些領域融入歷史社會的結構之中。這兒不是討論定位之處。我只想在此簡單區分做為理性人的社會科學家，可設想自己扮演的三種政治角色。

大部分的社會科學，尤其社會學，都包含哲學家皇帝（philosopher-king）[149]的論題。從孔德到曼海姆，都在要求賦予「知識人」（the man of knowledge）更大的權力，並嘗試賦予其正當性。用更具體的話來說，為理性加冕，自然就是為「理性人」加冕。這種理性在人類事務扮演角色的觀念，大力促使社

149【譯者注】哲學家皇帝是柏拉圖提出的概念：人們應以哲學家為帝王，他願意進行哲學思考、充滿智慧又可靠，並且願意過簡單的生活。

會科學家普遍接受理性為一種社會價值。他們從權力的事實去思考時，希望避免這種觀念的愚蠢。這種觀念也與多種民主版本的精髓相牴觸，因為它包含貴族統治——就算是才能上的貴族，而非出身或財富的貴族。但才能上的貴族該當哲學家皇帝這個頗荒謬的想法，只是社會科學家可能試圖扮演的公共角色中的一種罷了。

政治的品質相當程度取決於政治參與者的學識素養。假如真有「哲學家」皇帝，我應該會想逃離他的王國；但要是只有皇帝毫無「哲學」思想，皇帝不就沒有能力負起統治的責任了嗎？

第二種角色，也是現在最常見的一種，是當皇帝的顧問。這種我已經描述過的官僚用途就是這種角色的體現。現代社會眾多趨勢促使個體成為功能理性的科層組織的成員；社會科學家個人也動輒陷入專業的職位裡，不再明確關注後現代社會的結構。我們已經發現，在這個角色上，社會科學往往成為一部功能理性的機器；社會科學家個人往往失去道德自主性與實質理性，而理性在人類事務扮演的角色也往往只是供管理和操控使用的技術。

但皇帝的顧問是這個角色最糟糕的一種；我相信，這個角色不必染上科層組織風格的外型和內涵。扮演皇帝顧問的角色，難以保持道德和知識的誠信、維繫研究社會科學工作的自由。顧問當然可以想像自己是哲學家，客戶是開明的皇帝。但就算他們是哲學家，他們服務的對象可能也不開明。所以我對某些顧問竟對他們服務的蒙昧暴君忠心耿耿，感到如此訝異。暴君的無能或教條的愚蠢，似乎都無法動搖這樣的忠誠。

我不是說社會科學家不可能盡責扮演顧問的角色；其實我知道可以，也有人稱職演出。假如稱職演出的人多一點，選擇第三種角色的社會科學家所承擔的政治和學術任務就不會這麼吃力了，因為這兩種角色部分重疊。

社會科學家還可能採用第三種方式嘗試實現理性的價值，以及理性在人類事務中所扮演的角色。這種方式也為人熟知，有時甚至獲得實踐。那就是保持獨立、做自己的研究、選擇自己想研究的問題，但研究焦點既**針對**皇帝，也**針對**「民眾」。這樣的觀念促使我們把社會科學想像成一種公共知識工具，既關注公共議題和私人煩惱，也關注兩者底下的當代結構性趨勢——將個別社會科學家想像成一個自我控制的社團——即我們所謂社會科學——的理性成員。

藉由承擔這樣的角色，等會兒我將更詳盡地解釋，我們是在試著**實踐**理性的價值；透過假設我們不是無能為力，我們也在假設一種歷史創造的理論：我們在假設「人」是自由的，而透過理性的作為，他可以影響歷史的進程。此刻我意不在辯論自由和理性的**價值**，只是想討論它們可以根據什麼樣的歷史理論來實現。

二

人有創造歷史的自由，但有些人比其他人更自由。要享有這樣的自由，必須掌握現今足以創造歷史的決策與權力的工具。歷史不一定是這樣創造的；下面我僅討論當代，也就是創造歷史的權力工具變得如此龐大又集中的時候。就這個時期而言，我主張：如果一個人不主動創造歷史，就會逐漸淪為歷史創造者的工具，萎縮成歷史創造的對象。

明確的決策在歷史創造上扮演多重大的角色，這本身就是一個歷史問題。那取決於某段時期的某個社會可用的權力工具。在某些社會，無數人以無數行動改變了他們的情境，進而漸漸改變結構本身。這樣的修正就是歷史的進程；歷史是漂移的，儘管整體而言，歷史「是人創造的」。因此，無數企業家和無數消費者，透過每分鐘所做的成千上萬決策，塑造或重塑自由市場經濟。或許這就是馬克思寫《路易·拿破崙的霧月十八日》（*The 18th Brumaire*）時心裡惦記的主要限制：「人類創造他們自己的歷史，但不是隨心所欲的創造：也不是在他們選擇的環境裡創造……」

凡是人群團體無法掌控的歷史事件，都可以說是一種命運，或「必然性」：這些人群團體有三種特色：（一）結合緊密到可以辨識；（二）權力大到決定會影響深遠；（三）地位高到可預見這些影響，並被預期為此負責。根據這個觀念，事件是無數人做了無數決定的總和及意外的結果。每一次決定對結果而言皆微不足道，且隨時可能因其他類似決定而鞏固或抵消。任何人的意向與無數決定的總和之間，沒有任何關聯。事件超越人類的決策。歷史是在人不知不覺中被創造的。

若如是想，命運就不是一個普遍的事實了；它並非歷史或人性的固有本質。命運是社會結構的特定歷史類型。若在某個社會終極武器是步槍、典型經濟單位是家庭農場和小商鋪、民族國家並不存在或僅是模糊的框架、溝通靠口耳相傳、傳單、布道——那麼在**這樣的**社會，歷史的確是命運。

但想想我們目前處境的主要線索：簡單地說，那不就是所有權力和決策工具——意即所有創造歷史的工具——的大幅擴增和斷然集中化嗎？在現代工業社會，經濟生產的設備持續發展且集中化，例如，農民和工匠被私人企業和公營產業取代。在現代民族國家，暴力與政治管理的工具也經歷類似發展——

如君王掌控貴族、自配武器的騎士先被常備軍取代，現在常備軍又被駭人的軍事機器取代。經濟、政治、暴力這三種發展的**後現代**高潮，目前在美國及蘇聯展現得最富戲劇性。在我們這個時代，國際和國內的歷史創造工具都集中化了。因此，這不是很明顯嗎——現在，人類在創造歷史上能夠掌握有意識的能動性（human agency）的機會和範圍是獨一無二的？掌控這些手段的權力菁英，現在確實在創造歷史——當然「不是在他們選擇的環境裡」——但相較於其他人和其他時代，這些環境本身當然沒那麼勢不可擋了。

這無疑是我們當前處境的弔詭之處：創造歷史有新的工具，昭示人不見得受命運擺布，人現在**可以**創造歷史。但這個事實又因另一個事實而顯得諷刺：在西方社會，那些帶給人類創造歷史希望的意識形態已經式微，且逐漸崩潰。這樣的崩潰也代表人們對啟蒙運動的期望——即理性、自由終將在人類歷史發揚光大——破滅了。而在這場崩潰背後，也見到學術社群在學術及政治上的失職。

傳承這個西方世界大論述，**且**做為知識分子的人在哪裡呢？那些知識分子的作品會在政黨和民眾間發揮影響力，又切合我們這個時代的重大決策。這些人能運用的大眾媒體在哪裡呢？那些掌控兩黨政府的國家和殘暴軍事機器的人之中，有誰會警覺知識、理性與感性的世界正發生什麼事呢？自由的知識界為什麼會被遠遠排除於權力決策之外？為什麼現今掌權者總是如此顢頇又不負責任呢？

在今天的美國，知識分子、藝術家、神職人員、學者和科學家正在打一場冷戰，這場冷戰反映出官場的混亂。他們既未要求當權者採用替代政策來進行改革，也不在民眾面前闡述這樣的替代方案。他們並未試著為美國的政策加添負責任的內容；他們助長政治的空洞化，也讓其繼續空洞。我們必須稱為基督教神職人員失職的狀況，就跟現在科學家被民族主義**科學機器**掌控的現象一樣，是令人難過的道德情況。新聞業的說謊成習，也是這種情況的一部分；許多瑣碎研究矯揉造作成社會科學的現象也是如此。

三

我不指望（目前的整體論證也不需要）所有社會科學家都接受這個觀點。我最想在這裡說的是，每一位社會科學家，既然接受理性和自由的價值，首要之務是判定自由的限度，決定理性在歷史該扮演多吃重的角色。

在承擔第三個角色時，社會科學家不會自認是站在「社會之外」的獨立存在。跟其他多數人一樣，他**確實**覺得自己站在這個時期創造歷史的主要決策之外；同時，他又知道自己必須承受這些決策的諸多後果。這就是為什麼一旦他知道自己在做什麼，就會變成明確的政治人。沒有人置身「社會之外」；問題在於，每個人置身社會之內的何處。

社會科學家通常生活在中等階級、中等地位、中等權力的環境。在這些環境中活動，他通常不比一般人更有辦法解決結構問題，因為結構性的問題不可能單靠學術或私人來解決。這種問題的充分陳述不可能局限於社會科學家的意志能夠左右的環境；問題的解方也不可能局限於此——這當然是說，這是社會、政治和經濟權力的問題。但社會科學家不只是「一般人」。在知識上超越他湊巧身處其中的情境藩籬，是他的職責所在，而在他思考十九世紀英國的經濟秩序、二十世紀美國的地位階級、羅馬帝國的軍事機構，或蘇聯的政治結構時，他做的正是這種超越。

倘若他關注的是自由和理性的價值，他的研究主題之一必然會涉及特定社會結構類型中某種類型的人，是否有客觀的機會成為自由、理性的個體。另一個主題則是關於：不同社會類型之中各種身分地位的人，有多大機會（如果有機會的話）先借助自己的理性和經驗超越日常情境，再憑藉可掌握的權力，對他們的社會結構及其時代做出具影響力的行動。這些便是理性在歷史扮演何種角色的問題。

思考一番，我們不難發現在現代社會中，有些人擁有足夠權力做出切中結構問題的行動，也相當清楚他們行動的後果；有些人則明明有這種權力，卻不知道它的有效範圍；還有許多人無法透過對結構的認識來超越日常情境，也無法運用可採取的行動來影響結構變遷。

於是，身為社會科學家，我們要找到自己的定位。透過工作的性質，我們了解社會結構，也多少領略社會結構變動的歷史機制。但顯然我們無法取得現今存在而可用來影響歷史機制的主要權力工具。但我們確實擁有一種通常很脆弱的「權力工具」，這種手段讓我們知道可以扮演何種政治角色，以及我們的工作有何政治意義。

我想，接受自由理性理想的社會科學家，肩負這樣的政治任務：將他的研究獻給我已依據權力和知識的軸線區分的另外三種類型的人。

對於握有權力也有此認知的人，社會科學家要他們為種種結構性後果負起程度不一的責任，因為透過社會科學家的研究發現，這些結構性後果深受他們決策或不決策的影響。

對於行動極具影響力但看似對此渾然不覺的人，社會科學家要指點他們他發現的後果，社會科學家要試著教育他們，並且，同樣地，委以責任。

對於那些始終不具權力、理解範圍也受限於日常情境的人，社會科學家要透過他的作品揭露結構趨勢和決策對日常情境的意義，也就是個人煩惱與公共議題的關聯性；努力的過程中，也要陳述他發現較有權勢者做了哪些行動。這些本是社會科學家主要的教育任務，而當他向大眾闡述時，變成了他的公共責任。現在讓我們深入探討這第三種角色所包含的一些難題和任務。

四

不論他自己有何體認，社會科學家通常是一位教授，而這種職業相當程度決定了他能夠做的事。身為教授，他要對學生授課，偶爾也會透過演講和著作，跟規模更大、職位更高的群眾說話。在討論他可以扮演何種公共角色時，讓我們謹記這些簡單的權力事實，或者，如果你喜歡這麼說，這些他毫無權力的事實。

倘若他關注自由化——也就是解放的教育（liberating education）——他的公共角色有兩個目標：他該為個人做的是把個人的煩惱和憂慮轉變成社會議題和可訴諸理性的問題——他的目標是協助個體成為自我教育的人，到那時，個體才具有理性和自由。他該為社會做的，則是對抗所有正在摧毀真實民眾（publics）、創造大眾社會（mass society）的勢力——或者換成積極的說法，他的目標是協助培養和強化自我修養的民眾。唯有如此，社會才可能具有理性和自由。

這些是非常宏大的目標，而我必須稍微迂迴地解釋。人人關心技能和價值。但在各種「技能」之中，有些切中解放的任務，有些則不然。我不認為技能和價值可輕易分開，而像追求所謂「中性的技能」一時那樣。這是程度的差異，技能和價值分占兩個極端。但在這個量尺的中間地帶，有我稱為感受性

（sensibilities）的事物，我們最該關心的也是這個地帶。訓練一個人操作車床或閱讀寫作，大致上屬於技能的訓練；幫助一個人決定他這輩子真正想要的事物，或和他討論斯多噶（Stoic）、[150]基督徒和人道主義的生活方式，則是教化或價值教育。

除了技能和價值，我們也該強調感受性，感受性包括技能和價值，以及其他更多內涵：那包括一種療法（therapy），以古老意義而言，釐清自我認識。感受性包含培養各種與自我爭論的技能，即我們所謂的思考，而如果爭論的對象是他人，我們稱為辯論。教育者必須從個人最感興趣的事物著手，就算那看來瑣碎而粗鄙。他必須慎選方式和教材，讓學生能夠在受教的過程中對這些事物及其他主題獲致理性的洞察力。教育者也必須試著培養有能力或潛力自我教育的男男女女：任何解放的教育最終產品就是能夠自學、自我教育的人；簡言之，就是自由和理性的個體。

這樣的個體蔚為主流的社會，即是——按照民主一詞的主要含義而言——民主的。這樣的社會也可以定義為真實的民眾，而非大眾占得優勢的社會。我這句話的意思如下：

不管有沒有意識到個人的煩惱與折磨，大眾社會的人都無法將煩惱轉換成社會議題。他們不了解這些個人情境中的煩惱和社會結構問題的交互作用。反觀真實的民眾裡的飽學之士，就能有此體認。他了解他思索或感覺是個人煩惱的事情，往往也是別人的煩惱，更重要的是，那些事情無法靠任何單一個人，唯有修正他生活群體的結構，甚至整個社會的結構才能解決。大眾裡的人有煩惱，卻往往不知道煩

150【譯者注】斯多噶學派是古希臘哲學家芝諾（Zeno）在西元前三世紀初期創立，以倫理學為重心，秉持泛神物質一元論，強調神、自然與人為一體。

惱真正的意義和源頭；真實的民眾裡的人則會正視議題，且通常能夠了解議題的公共用語。

不斷將個人煩惱轉譯成公共議題，將公共議題轉譯成各種個體都能理解的人性意義，就是社會科學家做為解放教育者的政治任務。在作品中——以及，既然是教育者，也要在生活中展現這種社會學的想像——是他的職責。讓他在公共場合接觸的男男女女養成這樣的心智習慣，是他的目標。達到這樣的目標，就是確保理性和個體性，並讓理性和個體性成為民主社會的主要價值。

你或許會對自己說：「噢，露出馬腳了。他又在樹立無比崇高的理想。」我可能被認為如此的事實，正好證明現在「民主」一詞未被認真看待，以及許多觀察者漠視人們偏離民主的事實。民主當然是個複雜的觀念，人們對它有許多合理的爭論。但它當然沒有那麼複雜、那麼分歧，以致希望大家能一起理性思考的人不再使用。

前文已經試著闡明民主做為一種理想的含義。本質上，民主意指那些深受人為決策影響的人，對那個決策有實質發言權。這也就意味著做這種決定的所有權力都要公開而具正當性，且決策者要為此公開負責。在我看來，除非我描述過的那種民眾和個體在社會裡占主導地位，否則這三點都難以落實。進一步的條件將在以下闡明。

美國的社會結構並非全然民主。且讓我們把這句話當成最起碼的共識。我不知道有哪個社會是全然民主的——那仍是一個理想。我是說，今天的美國主要是形式上的民主，以及期望民主的修辭學。在實質及實務上，它往往不怎麼民主，在許多制度領域更是明顯不民主。管理企業經濟的既非鎮民大會，也不是一群會對深受其行為影響的民眾負責的有權者。軍事組織也是同樣的狀況，政治組織也愈來愈是如此。我不想營造這種樂觀的印象：許多社會科學家能夠或願意擔任民主的公共角色，或——就算很多社會科學家真的這麼做——民眾就一定會被改造。我只是想概述一個在我看來開放參與、事實上也有一些社會科學家正在實踐的角色。那個角色碰巧也契合這個自由主義和社會主義都認同的觀點：理性在人類事務上扮演角色。151

我認為，社會科學的政治角色——不論角色是什麼、如何扮演、成效如何——與民主的程度息息相關。

如果我們擔綱理性的第三種角色，就是試圖在一個不全然民主的社會以民主的方式行動。但我們的一舉一動，是假想身在完全民主的社會那樣，這麼做，是試著把「假想」拿掉。我們試著讓這個社會更民主。我主張，唯有扮演這樣的角色，身為社會學家的我們才可能達成這個目標。至少我不知道還有其

151【作者注】附帶一提，我想提醒讀者的是，有別於現今在科層方面的背景和應用，抽象經驗論的風格（及其包含的方法論禁制）並不非常適合我正描述的民主政治角色。把這種風格當成唯一活動來實踐、把它設想成「真正的社會科學工作」並活在其精神氣質裡的人，無法履行解放教育的角色。這樣的角色需要賦予個人和民眾對本身理性能力的信心，並透過個別的批評、研究和演練，擴大角色的範圍並提升其品質。那需要鼓勵他們，套用歐威爾的話，「走出鯨身」，或引用這句絕妙的美國俗語：「成為他們自己。」跟他們說只要仰賴必要的科層化研究，他們就能「真正」了解社會現實，就是以科學之名，給他們成為獨立個體和獨立思想者的努力增添禁忌。那損害了個別匠人對自己了解現實能力的信心。事實上也等於鼓勵人參照外在機構的權威來修正自己的社會信念，而這當然會與我們這個時代的全面科層化亦步亦趨，也被其強化。學院生活的工業化和社會科學問題的零碎化不可能促使社會科學家擔綱解放教育的角色。因為這些思想學派仔細分析的東西，他們會傾向分開，分成非常微小、他們自稱確鑿無疑的碎片，但他們確定的只是抽象的片段，而讓人們能夠超越這種零碎和抽象的環境，認識歷史的結構和他們在結構中的位置，正是解放教育的工作，**以及**社會科學的政治角色，**和**它在學術上的展望。

他哪種方式可有助於建立民主政體。正因如此，社會科學做為人類事務中首要理性傳播者的問題，就是今天民主的主要問題。

五

成功的契機在哪裡呢？基於我們目前置身的政治結構，我不認為社會科學家能有多大機會成為有效的理性傳播者。因為知識人必須先具備某些條件，才能擔綱這個策略性的角色。馬克思說，人創造自己的歷史，但不能選擇創造歷史的環境。那麼，**我們**需要哪些條件才能有效擔任這個角色呢？我們需要具備這兩種特色的政黨、運動和民眾：（一）在他們之中，社會生活的觀念及替代方案能確實的辯論；（二）他們真的有機會左右具結構影響力的決策。唯有這樣的組織存在，我們希冀理性在人類事務中所扮演的角色才是實際並且有指望的。順帶一提，我認為這樣的情境是要實施完全的民主社會最重要的先決條件。

在這樣的政體，擔綱政治角色的社會科學家或許會「發言支持」或「反對」林林總總的運動和階層和利益，而非僅是對一群通常臉孔模糊，且——我擔心——逐漸凋零的民眾說話。簡單地說，他們的看法彼此競爭，而這種競爭（包括其過程與在特定時刻所形成的結果都是如此）有重大的政治意義。如果我們認真看待民主的觀念，如果我們認真看待理性在人類事務中扮演的民主角色，我們在這種競爭中的交鋒絕不會疲憊。我們當然不能假設所有社會現實的定義可以形成某種無辯論餘地的一致性教條，更別說所有政治路線與手段的陳述、所有目標的聯想，更不可成為教條。[152]

由於缺乏這樣的政黨、運動和民眾，我們生活的社會的民主，主要表現在法律形式和形式預期上。我們不該貶低這些環境提供給我們的巨大價值和可觀機會。我們該從蘇聯缺乏這些環境的事實與機會，以及那個世界的知識分子群起反抗中，了解它們的可貴。我們也該了解，那裡的許多知識分子飽受身體摧殘，這裡的許多知識分子卻是在道德上自我摧殘。美國的民主主要是形式民主，不代表我們可以逃避這個結論：理性若要在歷史的民主創造中扮演任何自由的角色，其中一個主要的傳播者必須是社會科學。欠缺民主政黨、運動和民眾，不代表身為教育者的社會科學家不該改革教育制度，讓民眾得以在其中獲得解放（至少開始解放），且鼓勵、維持討論的風氣。那也代表他們仍該努力在學院外培育這樣的民眾。

當然，這麼做可能招惹「煩惱」，或者更嚴重的，要面對極度的冷漠。那需要我們刻意提出有爭議的理論和事實，積極鼓勵辯論。若缺乏公開、廣泛、開明的政治辯論，民眾既接觸不到所處世界的有效現實，也接觸不到關於他們自己的現實。在我看來，特別是現在，我一直描述的角色正需要呈現現實本身各種相對立的定義。通常所謂「宣傳」，特別是民族主義那類宣傳，不僅包含各種主題和議題的輿論。如凱奇凱梅特（Paul Kecskemeti）[153]所指出，那是在宣揚官方對現實的定義。

152【作者注】這種壟斷社會科學觀念領域的想法是一種獨裁主義的觀念，隱藏在做為理性管理人的科學製造者的「唯一方法」觀底下，也幾乎不掩飾鉅型理論家的「神聖價值」。更明顯的是，它體現於我在第五章分析過的技術專家治國口號之中。

153【譯者注】凱奇凱梅特（一九〇一——一九八〇）是匈牙利裔的旅美政治學家。

如今我們的公共生活常仰賴這種官方說法，一如仰賴神話迷思、謊言和精神錯亂的觀念。當許多政策——辯論過和未辯論的——都是以不充分或誤導人的現實定義為基礎，那麼試著把現實闡明得更適切的人，所具有的影響力就必然會令人頭痛。那就是為什麼我描述的那種民眾，以及具有個體性的人，若生存在這樣的社會，注定成為激進人士。但這就是心智、研究、知識、理性與觀念要扮演的角色：適切地定義現實，並切合公眾。社會科學在民主政體扮演的教育和政治角色是協助教化和鼓勵民眾和個人，使他們能夠發展出個人與社會現實的適切定義，並以此生活、按此行動。

我所勾勒的那種理性角色，既不表示、也不需要我們倉促上路、趕搭下一班飛機直達危機的事發現場、競選國會議員、買報社、深入貧民區、擺肥皂箱發表演說。這樣的行動令人敬佩，我可以想像有些時候，我自己也會覺得不可能抗拒這麼做的機會。但社會科學家若把這些當成日常活動，就等於放棄自己的角色，且透過行動表現他不相信社會科學的展望和理性在人類事務扮演的角色。這個角色只需要社會科學家繼續做社會科學的工作、避免助長理性和論述的科層化即可。

不是每一名社會科學家都認同我在這些議題抱持的觀點，那也不是我的本意。我的論點是，社會科學家的任務之一，是決定自己要如何看待歷史變遷的本質，以及自由、理性的人類在其中的位置（如果有位置的話）。唯有如此，他才會明白自己在他所研究的社會中扮演什麼樣的學術和政治角色，並藉此了解自己如何看待自由、理性這兩種深植於傳統，也是社會科學所展望的價值。

如果個體和小群體無法自由地做對歷史產生影響的行動，同時也沒有足夠的理性看出這些影響；如果現代社會的結構，或任一種現代社會的結構，是任憑歷史盲目地漂流，而不能用手邊的工具和可取得的知識加以改變——那麼社會科學唯一具自主性的角色便是記錄和理解；認為掌權者會負責任的想法是愚蠢的；自由和理性的價值，唯有在某些特別優越的私生活情境才可能實現。

但這句話有很多「如果」。雖然對於自由的程度和其影響的規模尚有廣大的爭論空間，但我不認為我們有充分的證據迫使我們放棄自由和理性的價值，畢竟現在這些價值仍能指引社會科學研究的方向。

有人一直試著避開我所討論的這類麻煩議題，提出這個大力護航的口號：社會科學「不是要出去拯救世界」。這有時是謙虛學者的免責聲明，有時是生性犬儒的專家對所有人議題的冷嘲熱諷，有時是年少夢想的破滅，但多半是故作姿態——企圖借用科學家的聲望、想像自己是純粹、脫離現實的知識分子。不過有時也可能是基於對權力事實深思熟慮後的判斷。

基於這樣的事實，我不認為社會科學能「拯救世界」，不過我不認為「努力拯救世界」這句話哪裡有錯——這裡我指的「拯救世界」是避免戰爭，以及依照人類自由和理性的理想重新安排人類事務。我對這方面的了解，使我對未來的機會抱持相當悲觀的看法。但即使不抱樂觀，我們還是要問：如果我們**有辦法**透過才智找到時代的危機的出路，說明那些出路，不是社會科學家的責任嗎？我們所代表的——雖然有時不是那麼明顯——是人意識到人類的境況。而現今幾乎所有重大問題的解決之道，都有賴人類的自覺。

根據我們現有的知識向當權者提出**呼籲**，這種舉動是烏托邦——愚蠢版本的。我們和當權者的關係比較可能是當權者覺得有利用價值的關係，意即我們擔任接受當權者的問題和目標的技術專家，或是意識形態倡導者，助其提高聲望與權威。此外，就我們的政治角色而言，我們必須先重新省思做為社會科學家這個集體工作的性質。一位社會科學家呼籲同仁進行這樣的省思，就不是烏托邦了。任何明白自己在研究什麼的社會科學家，必須面對我在這一章暗示的道德兩難——人對什麼感興趣，以及什麼符合人類的利益。

如果我們抱持這個簡單的民主觀念：**人感興趣的事情**就是與我們關係重大的事，那我們就是接受了既得利益者有意無意灌輸的價值。這些價值常是人們唯一有機會發展的價值。他們是不自覺養成習慣，而非做了選擇。

如果我們抱持教條式的觀點：**符合人類利益的事**，無論人們感不感興趣，都是需要我們在道德層面關注的事，那我們就冒了違背民主價值的風險。在人們試著一起努力思考、推崇理性價值的社會，我們成了操控者或強制者，或兩者都是，而非身為說服者。

我的建議是：透過致力解決議題和煩惱，將之建構成社會科學的問題，我們有最好的機會——我相信是唯一的機會——在自由社會中讓理性以民主的方式與人類事務產生關聯，進而實現構成社會科學展望當中的古典價值。

附錄

論學術的匠人精神

對自覺屬於古典傳統的社會科學家個人來說，社會科學是一種工藝的實踐。研究實質問題的人，很快就會厭倦詳盡但籠統的方法和理論探討；那些會妨礙他適切的研究。他相信與其讓很少或根本不做研究的專家編纂出十幾種「程序規則」，遠不如讓一名做研究的學者親自說明他的研究方式。唯有透過經驗豐富的思想家互相對談、交流研究的確實做法，才能把實用的方法論和理論觀傳授給剛入門的學生。因此我覺得在此詳盡報告我從事這門工藝的經驗不無益處。這當然是我個人的看法，但也希望其他人，特別是剛著手獨立研究的人，能與他們自己的經驗對照，知道這沒那麼私人。

一

我想，最好開始就提醒剛入門的你，你選擇加入的這個學術社群最令人欽佩的思想家，不會把研究和生活分開。他們都非常認真看待研究和生活，而不允許這樣的切割，也希望研究和生活相輔相成。當然，這樣的切割對一般人是有必要的，而這我想是來自現今一般人的工作都非常空虛。但你會發現，身為學者，你有得天獨厚的機會設計一種能激發良好工作習慣的生活方式。學者是終身事業的選擇，也是一種生活方式的抉擇；不論是否了解這點，學術工作者會在努力讓技藝臻至完美的過程中，塑造他的自我；為發揮自己的潛力，以及把握任何迎面而來的機會，他會建構出一種以優秀工作者的特質為核心的性格。

這意味著你必須學習在學術工作中活用你的人生經驗：不斷檢視它、詮釋它。從這個意義上說，匠人精神（craftsmanship）是你自己的中心，而親身涉入每一種你可能研究的學術產品。說你可以「吸取經驗」一來意味著你的過去既成就也影響了你的現在，二來意味著它會界定你吸取未來經驗的能力。身為社會學家，你必須掌控這種微妙的交互作用、掌握你經歷過的事物並妥善釐清；唯有如此你才能寄望運用它來引導和檢視你的反省，藉此把自己塑造成學術匠人（intellectual craftsman）。但你要怎麼做到這點？一個答案是：你必須建立一個檔案，用社會學家的說法，我想就是：養成做筆記的習慣。許多有創意的作家會做筆記，必須進行系統性思考的社會學家也需要做筆記。

在我即將描述的檔案中，結合了私人經驗、專業活動、進行中的研究與研究計畫。在這個檔案裡，身為學術匠人的你將試著整合你的學術工作與私人經驗。你不會害怕運用你的經驗，會把經驗和各種進行中的研究直接串連起來。你的檔案做為檢驗重複工作的標準，也讓你保存精力。它也鼓勵你捕捉「一閃而過的靈感」（fringe-thought）：可能是日常生活產生的觀念、街頭偶然聽到的對話片段，甚至夢境。一旦記錄下來，這些便可能形成系統性的思維，並且為較特定的生活體驗增添學術意義。

你會常注意到，造詣深厚的思想家是多麼謹慎地對待他們自己的心思、多麼仔細地觀察自己心思的發展並組織起來。他們之所以珍視最細微的經驗，是因為現代人一輩子獲得的私人體驗少之又少，但對於學術工作而言，經驗又是如此重要的創意來源。我相信，成熟匠人的典型特徵是能信任但不輕信自己的私人經驗。對於任何學術追求的原創性而言，這種曖昧的信任感都不可或缺，而檔案就是你可以培養和解釋這種信任的一種方式。

透過記錄適當的檔案和培養自省的習慣，你學會如何讓內心世界保持清醒。每當你強烈的感受到某些事件或觀念，你必須試著別讓它們從腦海溜走，而要記錄在你的檔案中，藉此汲取它們的弦外之音，告訴自己這些感覺或觀念多愚不可及，或者可以如何加以運用。檔案也可協助你建立書寫的習慣。如果你不至少每星期寫點東西，是無法熟能生巧的。在建立檔案時，你可以練習當作家的感覺，進而如大家所說，培養你的表達能力。維持一個檔案就是管理自己的經驗。

有件事情對社會科學家來說糟糕透頂：他們唯有在一種情況才覺得有必要制定「計畫」——要申請做特定研究或「專案」的補助時——大部分的「計畫」被擬定出來，或精心撰寫，都是為了申請經費。不管這個做法有多合乎標準，我都覺得它不可取：某種程度上，那難免變成推銷，並且，基於眾人普遍的期望，非常可能形成煞費苦心的矯情之作；研究計畫可能過早被「提報出來」，且恣意誇大其詞；那常有斧鑿痕跡，只是為了爭取經費，不論是為提出的調查或某些別有用心的目的（不論多有價值）。實地研究中的社會科學家該定期檢討「我的問題和計畫的進展狀態」。剛開始獨立作業的年輕人當深思這點，不該被指望能有多大的進展，他自己也不能好高騖遠，當然也不該過分執著於任一項計畫。他所能做的就是組織他的論文，而不幸地，無論篇幅多寡，這往往是他第一份獨立作業的研究。當你來到研究過程的一半或大約三分之一時，這樣的檢討最可能有收穫，別人也許會關注你的研究。

任何一帆風順的社會科學家都該隨時準備許多計畫，也就是想法，因此，問題向來是：接下來我要或應該研究哪一項計畫？因此他該建立一份特別的小檔案，記下他的主要工作流程，隨時撰寫和改寫，只為自己或和朋友討論之用。他該時時仔細、有心檢討，有時也要在閒暇時這麼做。

你的學術事業要有明確方向、駕馭自如，這樣的程序不可或缺。我認為，要充分的陳述「社會科學的主導問題」，唯一的基礎在於社會科學家要針對這類「我的問題狀態」的檢討，進行廣泛的非正式交流。任何自由的學術社群都不大可能、也不該存在「一言堂」的問題。在這樣的社群，如果又嚴謹又生氣勃勃，個體之間必定斷斷續續討論未來的研究。這三種插曲——該出自社會科學家的研究會斷斷續續針對問題、方法、理論來討論，再回到本身的研究：而進行中的研究也會塑造這些斷斷續續的問題，問題再以某種程度引導研究。專業社團就是為了這些斷斷續續出現的插曲，才找到其存在的理由。也是因為如此，你需要建立自己的檔案。

在你的檔案形形色色的主題底下有想法、私人注記、書的摘要、參考書目和研究計畫大綱。雖然，這可能依個人習慣而異，但我認為，如果你能把這些項目整理成「專案」（project）的主要檔案，會比較得心應手。主題當然會變，有時變動得相當頻繁。例如，若你是在準備學科考試、一邊寫論文一邊做學期研究報告的學生，你的檔案可以分成這三大類。但研究所約一年後，你要開始重新整理整個檔案，以便配合你的論文的主要研究計畫。接著當你進行研究時，你會發現沒有哪個單一研究計畫或檔案能主導一切。事實上，運用檔案會激勵你擴展思考的範疇。而這些範疇改變的方式——某些放棄、某些增添——正顯示你的學術進步和擴展。最後，檔案會依據數個大專案、數個年年改變的次專案來整理。

這些都和做筆記有關。你必須養成習慣，從你讀的任何有價值的書做大量的筆記—不過我必須說，讀到那種糟糕透頂的書可以做為借鑑，靠你自己寫出更好的作品。不論是他人的著作或你自己的生活經驗轉譯入學術領域的第一步，通常是給它一個形式。幫一項經驗取個名字，通常就能刺激你省思；從一本書摘錄筆記的舉動，通常也能刺激思考。寫筆記當然對於理解你正在讀的書大有幫助。

你的筆記到頭來可能會跟我的一樣分成兩類：讀到某些非常重要的著作時，你會試著領略作者論證的結構，並依此做筆記；但更常見的是，獨立研究幾年後，你不會再讀整本書，而會時常從你感興趣、與你檔案裡的計畫有關的特定主題或項目出發，只讀書中的某些段落。因此，你所寫的筆記不會完全呈現你讀的書。你是在**運用**這個特定的觀念和事實來完成自己的研究計畫。

二

這份檔案——到目前為止在你看來八成比較像某種奇怪的「文學」紀錄——要怎麼運用在學術生產呢？維護這樣的檔案本身**就是**在學術生產了。那是事實與想法不斷累積與成長的儲藏室，從最模糊的到最精鍊的。比方說，我在選定研究菁英時所做的第一件事，便是依照一張我想了解的人物，擬定粗略的分類大綱清單。

我是怎麼決定、為什麼決定要做這樣的研究，或許就暗示一個人的生活經驗會成為他的學術研究的泉源。我忘了確切從什麼時候開始關注「階層化」，但我認為一定是在第一次讀范伯倫的時候。在我看來，他對於「商業」和「工業」雇用的研究的概念非常鬆散，甚至含糊，是馬克思那裡翻譯過來，不太適用美國學術界。無論如何，我寫了一本論勞工組織和組織領袖的書——受政治刺激的研究，然後是一本論中產階級的書——主要是受一股衝動驅使：結合我一九四五年開始在紐約市的生活。就在那時，朋友建議我該再寫一本論上層階級的書，完成一套三部曲。我在腦海思考那個可能性；我在四〇年代斷斷續續讀過巴爾札克（Honoré de Balzac），[1]被他為自己設定要「寫盡」當時社會所有重要階級和類型的目標深深打動。我也以「商業菁英」為題寫過論文，也蒐集、整理自制憲以來關於美國政壇最高階人士事業生涯的統計數據。這兩項任務最初都是受到美國史的專題討論課所啟發。

在閱讀這些書籍、撰寫那些文章和準備階層化的課程時，當然有些剩餘的關於上層階級的想法和事實。尤其在社會階層的研究中，很難避免超出當前的研究對象，因為任何一個階層的「現實」是與其他階層息息相關。因此，我開始考慮寫一本論菁英的書。

但這還不是「這項專案」產生的「真正」原因；實際的事發經過是：（一）想法和計畫皆來自我的檔案，因為我所有的研究計畫自始至終都在那裡；書不過是我從持續不斷檢視檔案的資料中做有系統的發表罷了；（二）一段時間後，我的想法會充滿整組相關的問題。

在做了粗略的原始大綱後，我回顧全部的檔案，不僅是顯然跟主題有關的檔案，還有看似毫不相干的部分。透過把迄今各自獨立的項目組合起來、發掘出意想不到的關聯性，往往能成功激發想像力。我在檔案中為此特殊的問題範圍開闢新的檔案，當然，這也帶動我重新安排其他部分的檔案。

在你重新整理檔案系統時，常會發現某種程度上自己正在鬆綁想像力。結合不同主題的各種想法和筆記，顯然會有這種現象。這是一種組合的邏輯，而「機運」有時會出奇地在其中扮演重要角色。你試著用一種放鬆的心情，把你的學術資源——在檔案裡示範的東西——加入新的主題。

在目前的情況而言，我也開始運用我的觀察和日常經驗。我先想到自己和菁英問題有關的經驗，再和我認為可能經驗或思考過這些議題的人討論。事實上，現在我開始改變我的研究慣例，以便在生活中納入（一）**本來**就是我想研究的人、（二）和他們關係密切的人，以及（三）通常因職業關係而關注他們的人。

我不知道最好的學術工作者必須具備的完整條件，但身邊圍繞著一群願意傾聽和交談的人——有時必須是虛構的人物——無疑是其中之一。無論如何，我努力讓自己置身在所有我覺得可以有助於思考的相關環境——包括社會和思想上的，我都會努力體驗與妥善思考。那就是我在前文所說，融合私人生活與學術生活的其中一種意義。

當今社會科學的好研究不是、也通常不可能取材於某種明確的經驗「研究」。反倒是必須包括許多好研究，而那些研究屢屢在關鍵點緊扣住與主題的狀況和趨勢。因此這個決定——在哪裡下手？——要等重新整理現有資料、建構一般性的假設陳述之後，才能做成。

現在，於檔案裡「現存材料」中，我發現有三類資料與我的菁英研究有關：一些和主題有關的理論；他人整理、足以證明**那些**理論的材料；以及已經蒐集且經過不同階段的集中處理，可以利用，但尚未與理論建立關係的材料。直到在這類現有材料協助下完成理論的草稿，我才能有效率地確定自己的論

1【譯者注】巴爾札克（一七九九－一八五〇）是法國現實主義作家，代表作《人間喜劇》（*Comédie Humaine*）共九十一部，分為風俗研究、哲理研究、分析研究，是人類文學史上罕見巨著。

述主軸及預感，並設計要進行什麼樣的調查來加以檢驗——也許目前還不必在現有材料和自己的研究計畫之間反覆推敲，但終須如此。任何定稿的陳述不僅必須「包含」可得或我已知的資料，也要某種方式肯定或否定這些理論。有時這樣「說明」觀念只要透過資料推翻或事實佐證就可輕易完成；有時則需要詳盡的分析或修正。有時我可以有系統地安排現有理論，形成選擇的範圍，並以這個範圍組織問題本身。[2]但有時我會在不同於原有脈絡之下處理理論。無論如何，在這本論菁英的書中，我必須引用莫斯卡、熊彼得、范伯倫、馬克思、拉斯威爾、米契爾斯、韋伯、帕雷托等人的作品。

在檢視針對這些作家所做的筆記時，我發現它們提供了三種類型的陳述：（一）你可能透過系統性地重述某些作家針對某個論點，或整體說法，直接學習；（二）你可能認同或駁斥某些作家，並提出理由和辯證；（三）其他作家，可做為某種來源，啟發你自己的陳述和不同研究計畫。這需要先抓住一個論點，然後問：我可以怎麼把這改成可測試的形式，又該如何測試？可以怎麼用這做為鋪陳論述的中心——以整合出適切描述性細節的觀點？當然，就是這種掌握現有觀念的時候，讓你自覺在繼往開來。以下摘錄兩篇針對莫斯卡所做的筆記，或許可以闡明我一直試著描述的事：

> 除了歷史軼事，莫斯卡也用這句聲明支持他的論斷：是組織的力量讓少數得以一直統治下去。有組織嚴密的少數統治人與物。缺乏組織的多數則被統治。[3]但是，為何不同時考慮（一）有組織的少數；（二）有組織的多數；（三）無組織的少數；（四）無組織的多數。這值得全面探討。第一件必須釐清的是：「有組織」是什麼意思？我想莫斯卡的意思是：策略方針和行動多少能夠持續與協調。若是如此，依據定義，他的論題是正確的。我相信他也會說不可能有「有組織的多

數」，因為那等同於新的領導人、新的菁英會位居這些多數者組織的高層，這麼一來，莫斯卡便很容易在《統治階層》（*The Ruling Class*）挑出這些領導人。他稱他們為「發號施令的少數」，比起他的大陳述，這些是相當薄弱的說詞。

我想起一件事（我認為這是莫斯卡向我們提出的定義問題的核心）：從十九世紀到二十世紀，我們已經見證社會從上述（一）和（四）組織的社會，轉變成**比較**傾向（三）和（二）的組合。我們已經從菁英國家轉變成組織國家，菁英不再有嚴密的組織，亦不再獨攬大權，反倒是大眾更有組織和權力。有些權力是在街頭產生，社會結構及其「菁英」皆環繞著這些權力。而統治階層的哪個部門比農場集團更具組織性呢？這不只是修辭的問題：此刻我可以提出正反兩面的答案只是程度之別。現在我想將答案公諸於眾。

莫斯卡的一個論點在我看來相當出色而值得進一步研究：據他所言，「統治階層」通常有一個高層集團，還有為數更多的次級階層，而最高層會（一）不斷、直接與次級階層接觸；（二）與之分享理念和感情，進而分享政策（第四三〇頁）。查查書裡其他地方，他有沒有提出其他相關論點。高層集團的人馬主要是從次級階層招募來的嗎？高層是否某種程度上對次級階層負責，或起

2【作者注】例如請參閱米爾斯：《白領》（*White Collar*）第十三章。我在注釋中幹了同一類的事，將雷德勒（Emil Lederer）和賈塞特（Ortegay Gasset）對「菁英理論家」視為對十八、十九世紀民主學說的兩次反動。

3【作者注】莫斯卡也提出心理學法則的陳述來支持他的觀點。要注意他「natural」一字的用法。但這不是重點，也不值得深思。

碼保持關切？

現在先撇開莫斯卡：在另一組詞彙，我們有（一）菁英，在這裡我們指高層集團；（二）有影響力的人；以及（三）其他所有人。在這個分類架構，第二、第三層的成員是由第一層決定，而第二層在規模、組成，以及和第一及第三層的關係上，或許有相當大的變化。〔那麼，（二）對（一）與（二）對（三）的關係，各有何變化幅度呢？查一查莫斯卡是否有暗示，並透過系統性的思考，推演這點。〕

這個分類架構或許讓我得以更簡潔地說明不同的菁英——依據社會階層化各種特性區分的菁英。當然，也要以簡潔且饒富意義的方式，整理帕雷托對統治菁英與非統治菁英的區分，但不像帕雷托那麼拘泥形式。當然有許多地位崇高的人至少身在第二層。大富豪也是如此。高層集團或菁英一般指的是權力，或是權威。在這種詞彙裡的菁英向來指權力菁英。其他高層人士可能在上層階級或上流圈子。

因此，某種程度上，我們可以利用這個區分連結兩個重要問題：菁英的結構；以及社會階層化理論和菁英理論在概念上的關係（或許之後也包括實質關係）。（這件事務必要解決。）

從權力的觀點來看，要挑出有影響力的人比挑出統治者來得容易。試著挑出前者，我們是把上層視為鬆散的集合體，主要看地位來選擇。但嘗試挑出後者時，我們必須清楚、詳盡地指出他們如何行使權力，以及如何和行使權力的社會手段產生關係。我們要處理人的面向多於地位，或者至少必須將人納入考量。

現今，美國的權力不只牽涉到一群菁英。我們該如何判斷這好幾種菁英的相對地位呢？取決於議題和決策性質。一種菁英會把另一種菁英視為有影響力的人。菁英之間會相互認定其他菁英亦有一定的影響力；就某種角度而言，他們彼此認為對方是重要的人物。專案：挑選三、四個過去十年間的重要決策——投擲原子彈、削減或提高鋼鐵產量、一九四五年通用汽車大罷工——並仔細追溯每一個事件的相關人物。當你需要加重語氣時，可用「決策」或「決策過程」做為訪談的標定點。

三

研究過程中會有那麼一刻，你已經讀完其他的書。你想從它們獲得的，都記在你的筆記和摘要中，而在筆記的頁邊空白處，以及另一份檔案中，則有經驗研究的想法。

現在，如果有可能避免，我寧可不做經驗研究。如果沒有助理，這相當麻煩；要是真的聘了助理，助理往往更麻煩。

在當今社會科學的學術環境中，最初要用「結構化」（structuring）（且讓這個詞代表我要描述的那一類工作）的方式來做的事情很繁雜，使得許多「經驗研究」注定膚淺又無趣。事實上，經驗研究是給剛入門學生的正式練習，有時，對那些無法駕馭社會科學較棘手的實質問題的人來說，也很實用。經驗研究的價值比不上閱讀來得大。經驗調查的目的在解決對事實的爭論和懷疑，進而讓各方有更實質的基礎，做出更具成效的論證。事實會鍛鍊理性；但在任何學術領域，理性都是先頭部隊。

雖然你絕對不可能獲得足夠資金去做許多你設計的經驗研究，但仍有必要繼續設計這些計畫。因為一旦你規畫了經驗研究，就算沒辦法完成，那也能引導你蒐集新的資料，而那往往會對你的問題產生出乎意料的相關性。設計田野研究只為了一個可以在圖書館裡找到的答案，就很愚蠢，尚未把書中知識轉化為適當的經驗研究——意即轉化為事實的問題——就認為你已經徹底了解這些書，同樣愚不可及。

我這種研究需要的經驗研究計畫，首先必須看似切中我上面寫到的初稿；必須符合它的原始大綱，或促成大綱的修正。或者用比較冠冕堂皇的說法，那必須有助於理論的建構。其次，研究計畫必須有效率、乾淨俐落，如果可能，也要有獨創性。我的意思是計畫必須確保獲得大量資料，與付出的時間和心力成正比。

但這要怎麼做到呢？陳述問題最簡易的方式是盡可能只用推理。透過推理，我們試著（一）將剩餘的每一個事實問題分離出來；（二）以適當的方式對這些事實提出問題，確保答案有助於我們用進一步的推理解決更深一層的問題。[4]

要以這種方式掌握問題，你必須注意四個步驟；但一般情況下，最好再三反芻所有四個步驟，而不要卡在其中哪個步驟太久。這四個步驟是：（一）從你對主題、議題或關注領域的認識，決定你必須考量的元素與定義；（二）這些定義和元素之間的邏輯關係；建立這些初步的模型，同時能為社會學的想像提供最好的發揮空間；（三）除去錯誤觀點，來源包括遺漏所需元素、詞彙定義不當或不明，或過分強調範圍的某部分及其邏輯延伸；（四）陳述及重新陳述剩下的事實問題。

其中，第三步驟是充分陳述問題不可或缺但常遭忽略的部分。必須審慎考量大眾的問題意識——做為議題和做為煩惱的問題：這也是問題的一部分。學術的敘述當然必須仔細檢視，要不在再陳述時加以應用，要不捨棄。

在判定手邊的工作是否有必要進行經驗研究之前，我會先草擬一份較大的方案，各種小型的研究都在裡面產生。以下，我再次摘錄檔案裡的文字：

我尚不夠格對上流圈子做系統性的經驗研究。所以我先提出一些定義和程序，來為這樣的研究的設計構想。然後我可以嘗試：**首先**，蒐集現有適合這份設計的材料；**再來**，根據現有的指標，考慮方便蒐集材料的方式，以符合關鍵要點；第三，在過程中，更具體地呈現最終必不可少的大型經驗研究。

當然，上流圈子必須依據特定變數做有系統的定義。形式上——這多少是帕雷托的方式——他們是「擁有」最多既定價值的人，無論單一或組合的價值。所以我必須做兩個決定：我要取哪些變數做為標準，以及所謂「最多」是什麼意思？在決定變數後，我必須盡我所能建構最好的指標，如果可能，要是量化的指標，以便依據指標界定出母體的分布；那時我才能開始決定我的「最多」是什麼意思。因為這應該部分留給各種分布及交集的經驗檢查。

4【作者注】或許我該以更矯情的語言說明這些事。為了讓不明白其重要性的人明白這一切可能有多重要，請知悉：闡述問題的處境時，必須審慎注意其理論和概念上的意涵，也要注意適當的經驗研究典範和適合的驗證模型。接下來，這些典範和模型必須建構得讓我們得以汲取更深的理論和概念意涵。問題處境的理論和概念意涵該徹底探究。要做到這點，社會科學家需要明確說明每一個這樣的意涵，並考慮各種意涵之間的關係，但也必須讓它符合經驗研究的典範與驗證的模型。

一開始，我的關鍵變數該普遍化，讓我在相當範圍內選擇指標，但又夠有一定的特定性，而能找到經驗指標。隨著我有所進展，我必須在概念和指數之間穿梭，既不要遺漏預設的意義，又要使意義有一定的特定性。下面是四個韋伯提出的變數，我將由此著手：

一、**階級**涉及收入的來源和總額。因此我需要財產分配與收入分配的資料。這裡的理想資料（非常稀有，而且很不幸地過時了）是年收入來源和總額的交叉列表。因此，我們知道母體的X%在一九三六年有Y百萬的收入，而這些收入中有Z%是來自房地產、W%來自企業提款、Q%來自工資和薪水。沿著這種階級面向，我可以把上流圈子——擁有最多的人——定義成在特定時期獲得特定收入總額的人——或是占據收入金字塔頂端二%的人。查看財政紀錄和繳稅大戶名單。看看TNEC[5]有關收入來源和總額的圖表是否有最新的資料。

二、**地位**涉及獲得的尊敬的總量。就此而言，沒有簡單或可量化的指標。現有的指標需要配合個人訪談，迄今受限於地方社區研究，大都沒什麼用處。進一步的問題是，不同於階級，地位涉及社會關係：至少有一人獲得、一人給予尊敬。

名氣和尊敬很容易混淆——或者該這麼說，我們還不知道名氣大小是否可用來做為地位的指標，雖然那是最容易得到的（例如：一九五二年三月中旬的某一天或連續兩天，《紐約時報》——或特定版面——連名帶姓提到幾類人物。這個問題解決）。

三、**權力**指的是就算他人反對也能遂行自己的意志。一如地位，它一直沒有很好的衡量指標。我想我不能把它局限於單一面向，而必須說說（一）形式權威：由各制度（特別是軍事、政治和經濟）的位置所擁有的權利和權力；（二）未正式制度化但得到非正式行使的權力——壓力團體的領導者、有支配龐大媒體的宣傳者等等。

四、**職業**指的是支薪的活動。一樣，這裡我必須選擇該專注於職業的哪一項特徵：（一）如果我採用各種職業的平均收入來區分等級，我當然是把職業當成階級的指標和基礎。與此類似，（二）如果我用的是不同職業所附屬的地位或權力來區分，那我就是把職業當成權力、技能或天資的指標和基礎了。但這絕不是一種簡單的分類人的方式。技能——一如地位——不具同質性，也不是多與少的問題。人們在處理技能時，常根據習得各種技能所需的時間長短來分類，或許這是必要的，雖然我希望能想到更好的方式。

若要根據這四種關鍵變數來給予上流圈子分析性及經驗性的定義，這些是我必須解決的問題。為了設計的目的，假設我已經圓滿解決問題，也依據每一種變數做好母體分布了。現在我有四組人：階級、地位、權力和技能上位居頂尖的人。進一步假設我已經挑出各種分布的二%為上流圈子。於是我面對這個可透過經驗

			階級			
			+ 地位		**− 地位**	
			+	−	+	−
權力	**+技能**	+	1	2	3	4
		−	5	6	7	8
	−技能	+	9	10	11	12
		−	13	14	15	16

5【譯者注】TNEC指美國臨時國家經濟委員會（Temporary National Economic Committee）。

回答的問題：如果這四種人口分布互有交集，比例占多少呢？一個可能的範圍可透過上一頁這張簡單的圖表找到：（＋＝頂層二％；－＝下面的九八％）。

這張表，如果我有資料可以填入的話，將包含這份上流圈子研究的重大數據和許多重要問題。它將為許多定義及實質上的問題提供線索。

目前我沒有數據，未來也無法得到——這讓我的推測更形重要，因為在這樣的思考過程中，如果思考的目標是盡量趨近設計構想必備的經驗條件，我將取得切題的資料，或許能在這些資料中獲得定錨點，引導我進一步思考。

我必須給這個一般性的模式補充兩個要點，讓它在形式上更為完備。上層階層的完整觀念，需要我們注意持續性和流動性。這裡的任務是判定個人和團體的典型移動一般是在哪些位置（1到16）——包括目前這一代，以及前兩、三個世代的個人和團體。

這便是將個人生命史（或事業生涯）和歷史的時間向度帶入架構之中。這不只是進一步的經驗問題；也和定義有關。因為（一）我們不想為這個問題下定論：不論要不要根據我們的關鍵變數來給人分類，我們都該根據他們或其家人占據這個位置多久來界定我們的範圍。例如，我可能想要決定地位的前二％——或至少某個重要的地位層級——是否至少延續兩代。以及（二）我們也不想為這個問題下定論：除了根據數種變數的交會來建構「階層」，我是否也該考慮常遭忽略的韋伯「社會階級」（social class）定義：組合了許多「典型、容易流動」的位置。因此，照這種意義，較低階白領職業和某中高級工資工人，似乎正一起形成一個階層。

在閱讀和分析他人理論、設計理想研究、細讀檔案的過程中，你會開始草擬一張特定研究的清單。其中有些太大而無法掌握，遲早得滿懷遺憾地放棄；有些最終會成為書中的一段、一節、一句、一章；有些會變成貫穿整本書的主題。這裡再引用幾段這類研究計畫的原始筆記：

（一）一項針對十位大企業高階主管和十位聯邦政府官員的例行上班日，進行時間—預算分析。這些觀察所得將結合詳盡的「生活史」訪談。分析目的在於描述主要的例行事務和決策，包括投入其中的時間，並洞察與決策制定有關的因素。這個程序自然因被研究者的合作程度而異，但理想上的程序需要：一、先進行訪談，釐清那個人的生命史和現況；二、觀察他的一天，親自坐在那個人辦公室的角落，跟著他走來走去；三、當晚或隔天再進行長時間的訪談，回顧這一天的點點滴滴，探究與我們所觀察外在行為有關的主觀過程。

（二）一項上層階級週末生活分析。要密切觀察例行事務，並在下週一針對當事人和其他家人進行訪談。

就這兩種任務而言，我有相當好的人脈，而好的人脈，如果好好經營，會帶來更好的人脈。【一九五七年補充：結果證明這是幻想。】

（三）一份針對支出總額和其他特權的研究。這些，連同薪資和其他收入，構成上層人士的生活方式和生活水準。這裡的構想是取得「消費官僚化」（the bureaucratization of consumption）——將私人消費轉嫁到公司帳的具體資料。

（四）更新諸如倫伯格《美國六十家族》（*America's Sixty Families*）等書籍包含的最新資訊。這本書蒐集的報稅資料截至一九二三年為止。

（五）從財政紀錄和其他政府資料來源蒐集並有系統地分析各類私有財產（依總數）的分配情況。

（六）一份針對總統、所有內閣成員和所有最高法院成員的生涯研究。我已蒐集從制憲時期到杜魯門第二任任期的資料，登錄在ＩＢＭ卡，但我想要擴充使用的項目並重新分析。

還有其他諸如此類的「研究計畫」——大約三十五項（例如比較一八九六年和一九五二年總統選舉經費總額、詳盡比較一九一〇年的摩根〔Morgan〕和一九五〇年的凱澤〔Kaiser〕以及「三軍將領」生涯的具體資料）。不過，隨著研究持續進行，你當然必須依據可得的資料調整目標。

在把這些設計寫下來後，我開始閱讀有關上層團體的歷史著作、隨意做些（不歸檔）的筆記並詮釋所讀到的資料。你不必真的去**研究**你正進行的論題；因為正如我說過的，一旦進入狀況，論題比比皆是。你會時時注意到它的主旨：在你的生活經驗中，到處都看得到、聽得到；尤其，我一直覺得，那會在看似不相干的地方出現。就連大眾媒體，特別是大爛片、廉價小說、畫刊和夜間廣播節目，都會披露新鮮重要的訊息給你。

四

但是你可能會問，想法從何而來？要如何激發想像力來把所有意象和事實組合在一起，讓意象切合事實，賦予事實意義？我不認為自己真的有辦法回答那個問題；我只能討論一般的情況和一些看似可激發靈感的簡單技巧。

容我提醒你，社會學的想像，相當程度上是轉換觀點的能力，並且要在這個過程中建構出對整個社會和其組成要素的適當看法。當然，就是這種想像力讓社會科學家有別於單純的技術人員。花幾年工夫，便可訓練出稱職的技術人員。社會學的想像也可以培養；當然它很少在缺乏大量例行工作的情況下獲得。[6]但它有種料想不到的特性，或許是因為它的本質就是結合出人意料能夠結合的觀念——比如一堆取自德國哲學和英國經濟學的觀念。這樣的結合是以心智的遊戲為後盾，以及一股真正激烈、非理解世界不可的衝動——這是技術人員通常欠缺的。或許他訓練得太好、太精準了。因為只有已知的東西能被**訓練**，訓練有時會讓人無法學習新方法；那讓人抗拒那些起初一定鬆散甚至混亂的事物。但如果那些朦朧的意象和觀念是你自己的，你必須緊抓不放，而且必須理出頭緒。因為，如果有原創的觀念，幾乎總是以這樣的形式首次出現。

我相信一定有特定方法可以刺激社會學的想像：

（一）在最具體的層次，如前文說過的檔案重整，是激發社會學的想像的途徑之一。你只要把迄今不相關的檔案倒在一塊兒、把內容混合起來，再重新安排即可。你可以試著以放鬆心情去做。你多久重

6【作者注】請參閱《人際關係學》（*A Study of Interpersonal Relations*）中哈勤森（Eliot D. Hutchinson）論「洞見」和「創造性嘗試」的出色文章。此書由穆拉海（Patrick Mullahy）編輯。

新整理檔案、整理多少，當然要隨問題的不同與發展程度而異。但其中的技巧就這麼簡單。當然你要謹記自己正主動處理的數個問題，但也要試著被動接納預料外和計畫外的關聯性。

（二）對於定義各種議題的字詞抱持遊戲的態度，通常也可以解放想像力。不妨查詢每一個關鍵語在字典和專業書籍裡的同義字，充分了解用語的內涵。這個簡單的習慣能促使你推敲問題的術語，並賦予更簡明、更精確的定義。因為唯有當某個術語或用詞可能具有的數種意義，你都瞭若指掌時，才能選出研究想用的。對文字的興趣的用處不限於此。在所有研究工作，特別是檢視理論性的陳述時，你要試著密切注意每一個關鍵術語的一般性程度；把高層次的陳述拆解成更具體的意義也有用處。陳述拆解之後，常會分為兩、三個部分，各有不同的面向。你也要試著提高一般性的層次，去除限定的修飾語，以更抽象的層次檢視重新建構過的陳述或推論，看看能否加以引伸或推展。所以，你要由深入淺，也要由淺入深，探究想法的每一個層面和含義，把意義釐清。

（三）你想出的許多一般性觀念，一旦仔細思考，將歸為數個類型。新的分類常能帶動富有成果的發展。簡單地說，分門別類，以及替每個類別尋找條件和後果的技能，自動成為你的程序。你不會滿足於現有的分類，尤其是常識的分類，而會搜尋類型之中與之間的公分母，以及區分它們的因素。好的類型需要明確而有系統的分類標準。要做出這樣的分類，你必須培養交叉分類（cross-classification）的習慣。

交叉分類的技巧當然不限於量化的資料；事實上，這是想像、掌握新類型，以及批評、釐清舊類型的最好方法。質化的圖表和圖解不僅是展現成果的方式，常常也是名副其實的生產工具。它們釐清類型的「面向」，也幫助你想像和建構面向。事實上，過去十五年，我認為若非得益於交叉分類，我恐怕寫不出多於十二頁的初稿——儘管我當然不常展示這些圖解，甚至很少這麼做。圖表大都有缺陷，但就算如此，你仍能學到東西。當它們成功時，它們會協助你想得更清晰、寫得更明確。會讓你能夠發現你正在思考的那些術語，以及你正在處理的那些事實所涵蓋的範圍和完整的關係。

交叉分類之於研究中的社會學家，就如句型圖解之於勤勉的文法學家。在許多方面來說，交叉分類就是社會學想像的文法。一如所有文法，那必須加以控制而不可脫離原本的目的。

（四）思考極端情況——想想你密切關注事實的反面——通常能獲得最好的洞見。如果你思考絕望，也請想想歡欣；如果研究守財奴，也要研究揮金如土的人。世上最困難的事就是研究單一對象；若能試著研究幾個對比的對象，就可以更妥善地掌握資料，進而根據你所做的對照找出各種面向，並加以比較。你會發現，在關注這些面向和關注具體類型之間反覆思索，是極具啟發性的事。這個技巧的邏輯也十分合理，因為如果沒有樣本，就只能猜測統計頻率了：你只能給出某種現象的範圍和主要類型，而就此而言，從建立各種面向的「兩極類型」（polar types）著手，是比較簡約的做法。這當然不代表你不必努力獲得或維繫某種比例感（a sense of proportion）——找尋線索來了解特定類型的頻率。事實上，你要不斷嘗試結合這樣的探求和尋找指標，以有助於發現或蒐集統計數字。

這個想法，就是要運用各式各樣的觀點：例如你可以問自己最近讀到的某位政治學者會怎麼研究這個問題，某個實驗心理學家或歷史學家又會怎麼處理？你要試著從多種角度思考，由此讓你的心智成為一個移動的稜鏡，盡可能多從幾個角度吸收光線。在這方面，以對話體書寫通常非常有用。

你會經常發現自己在思考如何反對某件事，而為了試著理解新的知識範疇，你不妨從列出主要的論點做起。所謂「浸淫在文獻中」的含義之一，是能夠找出所有既存觀點的敵手和朋友。不過，也不要太「浸淫在文獻中」；你可能會滅頂，像阿德勒（Mortimer Adler）[7]一樣。重點或許在於明白何時該閱讀，何時不該吧。

（五）為單純起見，在交叉分類時，你要先從回答「是否」開始——這個事實就是鼓勵你思考極端的對立面。那一般來說是好事，因為質化分析當然不可能提供你頻率或大小。質化分析的技術和目的在於給你類型的適用範圍。就諸多方面而言，你只需要這種問句，不過，就某些方面，你當然需要更精確地了解相關的比例。

想像力的釋放有時可以透過刻意顛倒比例感來達成。[8]如果某樣東西看來十分微小，就把它想成龐然大物，然後自問：這樣會造成什麼樣的不同？反之亦然，巨大的現象也可反過來想。一個有三千萬人口而沒有書寫文字的村落，會是什麼樣子呢？至少現在，除非我可以在我能掌控一切的想像世界裡把玩事物的每一種元素、條件和影響，否則我不會想要真正計算或測量什麼。這應該是統計學家那句驚人之語「先了解全體，再從中取樣」所要表達的含義，但他們似乎從來不是如此表達。

（六）不論你關心什麼樣的問題，都會發現用**比較**的方法了解資料是有幫助的。在一或多個文明及歷史時期搜尋可比較的案例，會帶給你線索。除非先試著了解其他結構類型和時期的類似制度，否則你永遠想不出該怎麼描述二十世紀美國的某個制度。就算你沒有進行明確的比較，情況也是如此。你十之八九會自動轉向歷史來進行思考。其中一個理由是你所檢視的對象通常數量有限：要用比較的方法加以理解，就必須置於歷史的框架之中。換句話說，對比式研究途徑通常需要檢視史料。這有時會有助於趨勢分析，也可能促成階段的類型學（typology）。接下來，由於想為某些現象劃出更完整或更方便使用的範圍——我指的是包含某些已知面向各種變異的範圍——你會使用史料。某些世界史的知識是社會學家不可或缺的；沒有這樣的知識，不管多博學，他都與跛腳無異。

（七）最後一點，跟釋放想像力比較無關，而與集結成書的技藝息息相關。但這兩者往往是同一件事：你選擇整理與呈現資料的方式，一定會影響你作品的內容。這個我謹記在心的想法是從偉大的編輯戴維斯（Lambert Davis）那兒學來的，不過，看過我動的手腳，他大概不會想承認這個觀念來自他吧。這個觀念是主旨（theme）與論題（topic）之分。

論題是主題，比如「企業經理的事業生涯」或「軍官權力日增」或「社交名媛的沒落」等等。論題通常很容易整理成一章或一節。但你安排所有論題的順序，常會帶你進入主旨的領域。

主旨是一種觀念，通常是某種顯著趨勢、某個主要概念或某處關鍵差異，例如合理性與理性之別。在發展一本書的架構時，若你已經認出兩、三個乃至六、七個主旨，那你就知道一切都在你掌握之中。你會認出這些主旨是因為它們一再在各種論題中出現，或許你覺得它們一直在重複，而有時確實如此！尤其在你手稿裡亂七八糟、寫得很差的部分，確實常會有重複。

你必須做的是整理手稿，盡可能簡單扼要做一般性的陳述。然後，你要以極具系統性的方式，對這些主旨與完整的論題加以交叉分類。那代表你要問每一個論題：它會如何受到這些主旨的影響呢？以及：每一個論題對每一個主旨而言，有何意義呢？

7【譯者注】阿德勒（一九〇二—二〇〇一）為美國哲學家，也是著名的大部頭書編輯。

8【作者注】順道一提，這有些是柏克（Kenneth Burke）在討論尼采時所說的「不調和的觀點」。請參閱柏克《永恒與變化》（*Permanence and Change*），一九三六年。

有時，在初次介紹或接近結尾做總結時，一個主旨就需要自成一章或一節。一般來說，我認為多數作者——以及最有系統的思考者——會同意，在某個地方，所有主旨該一起呈現且相互連結。通常（雖然不是絕對），在一本書的開頭可以做。在結構嚴謹的書中，通常必須在接近結論的地方才出現。當然，全書中，你起碼該試著讓這些主旨與每個論題連結起來。這知易行難，因為事情通常不像表面看起來那麼機械化。但有時確實很機械化——起碼在整理和釐清主旨時是如此。但難就難在這裡。因為我在這裡說的東西，在文學匠人的脈絡下叫主旨，在學術工作的脈絡下叫觀念。

順道一提，有時你或許會發現一本書不見得真的有任何主旨，那只有一連串的論題，被方法論的方法論介紹和理論的理論性介紹團團包圍。沒有想法的人要寫書，這些確實必不可少。要寫出晦澀難解的書也一樣。

五

我知道你會同意，只要你的題材和思考允許，你該用清楚、簡單的語言呈現你的作品。但相信你已經注意到，社會科學似乎風行華而不實、兜來兜去的文體。我想寫這種文體的人相信他們是在模仿「自然科學」，不明白**那種**文體毫無必要。事實上，已經有權威人士表示，我們正面臨「嚴重的讀寫危機」——而社會科學家捲入甚深。[9]會產生這種特殊語言，是不是因為正在討論的是深刻、微妙的議題、概念和方法呢？如果不然，那為什麼會有考利（Malcolm Cowley）所謂的「社會學行話」（socspeak）的東西呢？[10]這對你的研究真有必要嗎？若是如此，誰都無計可施；若不是，那你該如何避免呢？

我相信，文章晦澀難解通常跟題材複不複雜沒什麼關係，跟思想有沒有深度更是毫無瓜葛。那幾乎只和學院作者搞不清楚自己的定位有關。

在今天許多學術圈子中，試著把文章寫得淺顯易懂的學者，很容易被貶低為「只是一介文人」，或者更糟的：「只是新聞記者罷了。」或許你已了解這些常用語僅暗示這個站不住腳的推論：因為讀得懂，所以膚淺。美國學者正試著在過一個常看似與社會環境相衝突的、嚴肅的學術生活。他的名望必須彌補他因選擇學術生涯而犧牲掉的重要價值。為建立名望，他很容易以「科學家」自居。被稱作「只是新聞記者罷了」會讓他感覺沒面子與淺薄。我想，多半就是這種情況造成咬文嚼字、糾纏不清的說寫風格。不學這種方式比學會還來得難。那儼然形成一種慣例——不這麼做的人會遭到道德非議。也許這是學術界被平庸之輩把持、愈益封閉的結果：不難理解，他們想要排除那些會博得學術圈內外有才智者青睞的人。

9【作者注】此乃威爾森（Edmond Wilson）所言。被公認為「英語世界最優秀評論家」的他寫道：「至於我處理人類學和社會學專家所寫文章的經驗，讓我做成以下結論：在我理想的大學，會要求每個科系的論文都要通過英文系教授的審查，這可能導致這些學科的變革——如果真的撐到第二代存在的話。」《心智的片段》（*A Piece of My Mind*），頁一六四。

10【作者注】請參閱考利〈社會學慣用之語言轉型〉（Sociological Habit Patterns in Linguistic Transmogrification），收錄於《報導者》（*The Reporter*），一九五六年九月二十日，頁四一起。【譯者注】考利（一八九八－一九八九）為美國評論家、詩人、編輯和社會史學家。

寫作是為了提出主張吸引讀者注意。那是**任何**風格的一部分。寫作也是替自己爭取到值得閱讀的地位。年輕的學者經常很在乎這兩種訴求，而因為他覺得自己缺乏公眾地位，他常將地位的訴求擺在獲取讀者注意他言論的訴求之前。事實上，在美國，就連造詣最深厚的知識分子在各大圈子和民眾間也沒有崇高地位。在這方面，社會學向來是個極端的例子：社會學的行文風格大都養成自社會學家學術地位很低的時候。嚮往地位是學者如此輕易陷入行文晦澀難解的理由之一。而那反過來變成他們更遠離那種地位的理由之一。這是名副其實的惡性循環——但也是任何學者都可以輕易脫出的惡性循環。

要克服學院的**文體**，你首先要克服學院的**身段**。研習文法和盎格魯薩克遜的字根，倒不如釐清以下這三個問題：（一）我的題材到底有多困難、多複雜？（二）當我寫作的時候，我要宣稱自己是什麼樣的地位？（三）我是想寫給誰看？

（一）第一個問題的答案通常是：沒有你的寫作方式那麼困難、那麼複雜。這個答案的證據比比皆是：社會科學類書籍有九五％很容易譯成口語就足以證明。[11]

不過，你可能會問，有時我們不是需要專業術語嗎？[12] 當然需要，但「專業」未必意指困難，更不是故弄玄虛的行話。如果這樣的專業術語實有必要，也清楚而精確，那就不難在平易近人的語言脈絡中使用，使讀者認識其意義。

你或許會反對說，大家平常用的詞語常「負載」情感和價值，因此最好避免，改用新的詞語或專業術語。我的答案是：平常的詞語確實常負載太多意義。但許多社會科學常用的術語，也是負載滿滿的意義。要寫得清楚，就要掌控這些負載，確切說出你是什麼意思，讓他人可以了解箇中意義。假設你要表達的意義被限制在一個直徑六呎的圓圈裡面，你也站在裡面；假設你的讀者理解的意義是另一個同樣大小的圓圈，他站在裡面。我們會希望這兩個圓圈有交集。交集的範圍就是你們溝通的範圍。交集外的讀者圓圈是意義不被掌握的區域：他會自己編造。交集外的你的圓圈是你失敗的另一個象徵：你無法講清楚、說明白、讓人理解。寫作的技能是要讓讀者的圓圈跟你的圓圈完全疊合——你們兩個都站在同一個意義得到掌握的圓圈裡。

因此，我的第一個論點是，大多數「社會學行話」都和題材或思考複不複雜無關。我幾乎百分之百相信，它是用來為作者自己建立學術地位；以這種方式書寫就是在跟讀者說（我相信作者本身常無此自覺）：「我知道某件非常困難的事，你必須先學會我這種困難的語言，才能理解它。同時，你只是個新聞記者，只是個門外漢，或其他學識不夠的人。」

11【作者注】這種翻譯作品的例子詳見第二章。順道一提，關於寫作，就我所知最好的一本書是格雷夫斯（Robert Graves）和哈吉（Alan Hodge）合著之《肩上的讀者》（*The Reader Over Your Shoulder*）。亦請參閱巴潤和葛拉夫於《現代研究人員》蒙塔格（G. E. Montague）於《一位作家對他那一行的筆記》（*A Writer's Note on His Trade*）和杜白瑞（Bonamy Dobrée）於《現代散文風格》（*Modern Prose Style*）中的精闢討論。

12【作者注】遠比我了解數學語言的人告訴我數學語言精確、簡約、清楚。那就是為什麼對於許多聲稱數學在社會學研究方法中占核心地位，為文卻不精確、不簡約、不清不楚的社會科學家，令我深感懷疑。他們該師法拉札斯菲德爾，他相信數學，深信數學，而他的文章哪怕是初稿，也具備數學的品質。當我無法理解他的數學時，我知道那是因為我太無知；當我不同意他用非數學的語言書寫時，我知道那是因為他弄錯了，因為既然我們平常總是知道他在講什麼，他在哪裡出了差錯，我們也會知道。

（二）要回答這第二個問題，我們必須依據作者的自我觀念和他說話的聲音區分兩種展現社會科學作品的方式。一種方式源於這個想法：他這個人可能大叫、可能低語、可能竊笑——但他總是在那裡。他是什麼樣的人也昭然若揭：不論充滿自信或神經過敏，不論直截了當或拐彎抹角，他是經驗和推理的中心。當他他發現某件事時，他告訴我們發現那件事，以及他是怎麼發現的。這種聲音以口語為最好的闡述方式。

另一種展現作品的方式並未運用任何人的聲音。這樣的寫作根本沒有「聲音」。它的聲響是自動式，由機器製造的文體。值得注意的不是滿滿的行話，而是矯飾意味強烈：那不僅是非個人的，還是矯揉造作的非個人。政府出版品有時就是以這種方式書寫。商業信件也是。許許多多的社會科學也是。任何書寫——或許某些真正別具風格的名作家除外——只要不能想像成人類語言，就是不好的寫作。

（三）但最後來到這個問題：那些聽到聲音的人——思考這件事也會影響文體的特色。任何作家都該時時謹記自己是試著要跟什麼樣的讀者說話——以及自己認為他們是怎樣的人。這些不是簡單的問題：要妥善回答，需要了解閱讀大眾，也要有自知之明。寫作就是提升自己的可讀性，但要讀的人是誰呢？

我的同事崔林（Lionel Trilling）提出一個答案，也允許我轉述。你要假設你是受邀以某個你熟知的主題發表演說，聽眾是一所頂尖大學所有科系的師生，以及附近城市各種感興趣的民眾。假設所有觀眾都在你面前，有知的權利；假設你想讓他們知道真相。現在，開始寫吧。

要當作家的社會科學家大致會有四種可能性。如果他自認是一種聲音，且假設自己在跟上面提到的那種聽眾發言，他會試著寫出可讀的文體。如果他自認是一種聲音，但根本沒有意識到聽眾，則可能很容易寫出不知所云的胡言亂語。這樣的人最好謹慎一點。如果他不覺得自己是種聲音，而是某種非個人的聲響的媒介，那麼——如果他找得到聽眾的話——那最可能成為一種崇拜（cult）。如果，因為不明白自己的聲音，也找不到聽眾，純粹為了某種無人收藏的紀錄說話，那我想我們得承認，他就是那種標準化文體的製造機：空蕩大廳裡的自動聲響。那令人不寒而慄，彷彿置身卡夫卡（Franz Kafka）[13]的小說，也確實令人膽戰心驚：我們剛討論的是理性的邊緣。

深刻與冗贅之間的只有一線之隔。沒有人能否認剛開始做研究的人對踏出的第一步的神奇魅力如此滿意又畏怯——如同惠特曼的小詩所描述——因而不想更進一步。語言確實自成一個奇妙的世界，但捲入那個世界的我們，不該把一開始的迷惑和成果的深刻混為一談。身為學術界的一分子，你該自詡為真正卓越語言的代表，該這麼期許和要求自己：在你說話和書寫時，要試著延續文明人的論述。

還有最後一點是關於書寫和思考的交互作用。如果你僅參照萊興巴哈（Hans Reichenbach）[14]所說的「發現的脈絡」（context of discovery）來書寫，那能理解你的人少之又少；你的論述也很容易陷入主觀。要讓你的思考客觀些，你必須在呈現的脈絡中書寫。一開始，是對自己「呈現」你的思考，這常稱作「清晰地思考」。當你覺得想清楚了，再呈現給其他人看——而你往往會發現你沒有說清楚。這時你

13【譯者注】卡夫卡（一八八三——一九二四）為德國小說家，被譽為二十世紀最具影響力的作家之一。

14【譯者注】萊興巴哈（一八九一——一九五三）為德國哲學家，乃科學哲學之先驅。

來到「呈現的脈絡」。有時你會發現，在你試著呈現思考時，你不僅修正陳述方式，常常也修正了內容。在呈現的脈絡中書寫時，你會獲得新的觀念。簡單地說，那會成為新的發現脈絡，有別於原有脈絡，而我覺得層次更高——因為那更具有社交上的客觀性。再說一次，你不能把你的思考方式和寫作方式分開。你必須在這兩種脈絡之間來回穿梭，而每當你要來回穿梭時，最好知道自己下一步的方向。

六

從我剛說的話，你應該了解，實際上你不會「著手進行某項研究計畫」；你已經在「進行」了，不論是你的心情、整理檔案、讀書做筆記，或有目標的努力。依循這種生活和工作方式，你永遠會有許多想進一步解決的論題。在你決定「發表」後，你會嘗試運用全部的檔案、在圖書館的瀏覽，和你精挑細選人士的對話——全都適用於這個論題或主旨。你會試著建立一個小世界，納入所有可用於手邊這份研究的關鍵因素，使之有條不紊地各就各位，並持續依照各個因素的發展調整架構。活在一個建構的世界，是為了了解你需要的：觀念、事實、觀念、數字、觀念。

所以你將有所發現，有所描述，設定類型來安排你發現的事物、按名稱區分項目來集中和組織經驗。這種對秩序的探索會促使你去尋找模式和趨勢，找出可能具代表性因果性的關係。簡單地說，你會追尋你偶然遇到的事物的意義，尋找或可詮釋為象徵某種不可見事物的可見現象。你會一五一十地記下看似與你想了解的事物有關的一切；你會去蕪存菁，再仔細、有系統地找出這些項目彼此間的關係，以便建立某種工作模型。然後你會將這種模型套用在你試著解釋的一切事物上。那有時很容易；但也常力有未逮。

但你一定要在所有細節中探索指標，這些指標可能指出二十世紀中葉社會的主流、潛在形式和趨勢。因為，到頭來，你終究要書寫人的多樣性。

思考是種尋求秩序、同時尋求理解的努力。你不可以太快停止思考——否則你將遺漏你該知道的事情；你也不能永無止境地思考下去，不然頭腦會爆炸。我想，就是這樣的兩難讓省思——在那些罕見的還算成功的省思——成為人類能力所及最熱烈的努力。

或許我可以用幾條準則和警句來總結我一直試著說明的事：

（一）做優秀的匠人：避免墨守成規。尤其，要試著培養和運用社會學的想像。避免方法與技術的崇拜。促使樸實知識匠人的復興，自己也要成為這樣的匠人。讓每一個人都做自己的方法論者、做自己的理論家；讓理論和方法再次成為工藝實踐的一部分。支持由獨立學者主導；反對讓技術研究團隊支配一切。保持獨立思考，正視人和社會的問題。

（二）避免拜占庭式組合拆解概念的怪癖，以及廢話連篇的習性。要求自己也要求他人把話說得簡單扼要。精巧的術語，唯有在你堅信能拓展感性的範圍、指涉的精確度和推理的深度時才用。別想用晦澀難解來逃避對於社會的批判——以及你的讀者對你作品的批判。

（三）你認為你的作品需要什麼樣超歷史（trans-historical）的架構，就去建構它；也深入次歷史（sub-historical）的細枝末節。盡你所能創造形式化的理論並建立模型。詳盡檢視小事實、小事實間的關係，以及獨一無二的重大事件。但別太狂熱：要讓所有這樣的研究持續、緊密地連結到歷史現實的層次。不要想當然地以為別人會在某時某地幫你做這些事。把確定這種歷史現實視為你的任務；採用歷史現實的詞語建構你的問題；試著在歷史現實的層次解決這些問題，進而解決它們包含的議題和煩惱。如果完全沒有具體的例子，絕對不要寫超過三頁。

（四）不要只研究一個又一個的小情境；要研究將情境組織起來的社會結構。根據這些大結構的研究，選擇你需要詳盡研究的情境，並且在研究中理解情境和結構交互作用。若要研究某個時段，也要以類似的方式進行。不要只當新聞記者——不論記錄得多翔實。新聞工作確實可以是傑出的知性工作，但你的工作更棒！因此，不要只報導瞬間、靜態的關鍵時刻，或非常短的時期的研究。選定人類歷史的進程為研究的時段，把你檢視的星期、年分與時代於其中定位。

（五）要明白，你的目標是用充分地比較性的方法，理解世界史上曾經出現和目前確實存在的社會結構。要做到這件事，你必須避免武斷地將主要科系專業化。根據論題，尤其是重大的問題，多方面地研究。在建構和解答這些問題時，切莫猶豫，而且要不斷發揮想像力，從所有有關人和社會的明智研究中汲取觀點、素材、觀念和方法。它們是**你的**研究；它們與你同出一脈、血肉相連；不要讓它們被那些**專業意見**用怪異行話和自以為是所抹殺。

（六）一定要睜大眼睛，關注人的形象——一般說的多的人性觀——並透過你的研究假設、暗示；也要注意歷史的形象——你對歷史如何被創造的看法。簡單地說，持續發展和修正你對歷史、生命史問題的看法，以及你如何看待生命史和歷史在其中相交的社會結構等問題。睜大眼睛注意個體性的多樣性，以及劃時代變遷的模式。用你所見所聞，以及你的想像，做為研究人的多樣性的線索。

（七）要明白，你傳承的是古典的社會分析傳統；所以別把人當成孤立的碎片，或當成自給自足的場域或系統來理解。試著把男男女女當作歷史和社會的行動者來理解，也要理解男男女女是如何被各種人類社會錯綜複雜地挑選和形塑出來。在你完成任何作品之前——不管有多間接——都要讓它切合這項永不間斷的核心課題：理解你所在的時期，二十世紀後半葉可怕而宏偉的人類社會世界的結構、流動、形塑和意義。

（八）別放任官方建構的公共議題或個人感受到的煩惱去決定你要進行研究的問題。最重要的是，堅守你的道德和政治自主，不要遷就別人的意見而接受官僚習氣的不自由主義實用性或道德潰散的自由主義實用性。要明白，許多個人煩惱不能只當成煩惱來解決，必須從公共議題的角度以及創造歷史的問題來理解。而要揭露公共議題的人文意義，就必須找出公共議題和個人煩惱的關係。要明白，適當地建構社會科學問題必須同時包括個人煩惱和公共議題、個人生命史和歷史，以及彼此錯綜複雜的關係。在那個領域裡，個體得以生活，社會得以構成；在那個領域裡，社會學的想像有機會改善我們這個時代人類生活的品質。

謝辭

這本書較早的版本是在一九五七年春季於哥本哈根舉行的一場社會科學研討會上發表，丹麥社會部顧問Henning Friis是會議籌辦人。非常感謝他和與會者：Kirsten Rudfeld、Bent Andersen、P. H. Kühl、Poul Vidriksen、Knud Erik Svensen、Torben Agersnap、B. V. Elberling等人給我精闢批評和親切建議。

第一章《展望》，連同這本書其他較短的篇章曾於一九五八年九月在聖路易，以刪節後的版本向美國政治學協會簡報過。在第六章，我援用了一九五三年十月於《科學哲學》（*Philosophy of Science*）期刊第二十期發表的論文〈現今社會研究的兩種調查風格〉（Two Styles of Research in Current Social Study）。附錄前五部分較早的草稿曾刊登於一九五九年由L. Gross、Evanston、Peterson編輯之《社會學理論文集》（*Symposium on Sociological Theory*）。第八章的第五、第六節曾刊登於一九五八年十月的《每月評論》（*Monthly Review*）。我也相當普遍地使用了在一九五四年五月一日《週六評論》（*The Saturyday Review*）首次發表的言論。第九和第十章的段落則分別引用一九五九年元月在倫敦經濟學院和波蘭科學院發表，及同年二月在英國廣播公司第三節目（Third Programme）播出的公開演說。

後來的手稿則全部或部分接受過下列同事批評指教，倘若本書有任何價值，這些人功不可沒。但願有更恰當的方式來感謝他們的鼎力相助：

Harold Barger、Robert Bierstadt、Norman Birnbaum、Herbert Blumer、Tom Bottomore、Lyman

Bryson、Lewis Coser、Arthur K. Davis、Robert Dubin、Si Goode、Marjorie Fiske、Peter Gay、Llewellyn Gross、Richard Hofstadter、Irving Howe、H. Stuart Hughes、Floyd Hunter、Sylvia Jarrico、David Kettler、Walter Klink、Charles E. Lindblom、Ernst Manheim、Reece McGee、Ralph Miliband、Barrington Moore Jr.、David Riesman、Meyer Schapiro、George Rawick、Arnold Rogow、Paul Sweezy。

非常感激我的朋友William Miller和 Harvey Swados一直協助我把文章寫得更為清晰。

查爾斯・萊特・米爾斯

索引

A

B

C

H

I

J

K

L

M

N

O

P

R

S

T

U

V

W

Y

社會學的想像

作者	米爾斯 C. Wright Mills
譯者	洪世民
商周集團執行長	郭奕伶
視覺顧問	陳栩椿
商業周刊出版部	
總編輯	余幸娟
責任編輯	林雲
封面設計	林芷伊
內頁排版	邱介惠
出版發行	城邦文化事業股份有限公司-商業周刊
地址	115020 台北市南港區昆陽街16號6樓 電話：(02)2505-6789　傳真：(02)2503-6399
讀者服務專線	(02)2510-8888
商周集團網站服務信箱	mailbox@bwnet.com.tw
劃撥帳號	50003033
戶名	英屬蓋曼群島商家庭傳媒股份有限公司城邦分公司
網站	www.businessweekly.com.tw
香港發行所	城邦（香港）出版集團有限公司 香港灣仔駱克道193號東超商業中心1樓 電話：(852)25086231　傳真：(852)25789337 E-mail：hkcite@biznetvigator.com
製版印刷	中原造像股份有限公司
總經銷	聯合發行股份有限公司　電話：（02）2917-8022
初版 1 刷	2020年 8 月
初版 3 刷	2024年 8 月
定價	360元
ISBN	978-986-5519-16-2（平裝）

國家圖書館出版品預行編目資料

社會學的想像 / 米爾斯(C. Wright Mills)著 ; 洪世民譯. -- 初版. --
臺北市 : 城邦商業周刊, 2020.08
面；　公分
譯自 : The sociological imagination

ISBN 978-986-5519-16-2(平裝)

1.社會科學　2.社會學

540　　109010496

藍學堂

學習・奇趣・輕鬆讀